# Comment doubler la taille de votre entreprise

Carnet de croissance

pour PME et ETI

Éditions Eyrolles
61, bd Saint-Germain
75240 Paris Cedex 05

www.editions-eyrolles.com

Fanny Letier

# Comment doubler la taille de votre entreprise

## Carnet de croissance pour PME et ETI

EYROLLES

# PRÉFACE

## *SCALE UP* :
## PASSER DE PME FRANÇAISE À ETI INTERNATIONALE

Pourquoi a-t-on si peu d'ETI en France comparé à l'Allemagne ? Résidant à Munich depuis quatre ans pour y développer Babilou, je peux témoigner de l'incroyable « gap » culturel qu'il y a entre nos deux pays sur nos visions du capitalisme. Les entreprises de plusieurs siècles, toujours dirigées par un membre de la famille fondatrice, leaders mondiaux de leur secteur et complètement intégrées dans la politique de développement des territoires, c'est une réalité.

Je me souviens de mes cours d'entrepreneuriat à l'ESSEC à la fin des années 1990 ; on parlait souvent de monter une entreprise pour la revendre au bout de cinq ans. Les stars étaient ceux qui avaient fait des fortunes rapides et le Graal c'était d'avoir déjà vendu sa boîte à 30 ans. Les médias ont starisé ces entrepreneurs, écartant les jeunes talents français d'une vision essentielle du capitalisme qui a été rappelée par Nicole Notat et Jean-Dominique Senard dans leur rapport au gouvernement, *L'entreprise, objet d'intérêt collectif*. On aura surtout retenu de ce rapport que les entreprises françaises vont devoir définir leur raison d'être. Il était temps… Comment une entreprise pourrait-elle décemment motiver ses équipes sans cela ?

Entreprendre, c'est contribuer à la construction et à l'avenir de son pays, c'est rassembler et coordonner des énergies pour contribuer à un monde meilleur ; c'est une aventure humaine qui fait du sens pour ses clients, ses équipes, la société en général, et donc pour l'entrepreneur lui-même. Je suis très optimiste quand je vois à quel point la nouvelle génération qui arrive sur le marché du travail est différente de la mienne. Elle est attachée à donner au capitalisme tout son sens en tant que contributrice d'une société meilleure.

Se permettre d'avoir une vision à long terme est devenu un luxe rare dans une société qui vous renvoie une pression sur des résultats rapides. Un point commun aux entrepreneurs d'ETI que je connais, c'est d'abord la capacité de se libérer de cette pression.

Mais est-ce une fin en soi de devenir une ETI ? Le vrai bonheur d'entreprendre, d'innover en équipe, d'améliorer la vie de ses clients réside davantage dans le chemin pour y arriver que dans l'atteinte d'une taille quelconque. La taille devient un moyen de réaliser ses projets. Devenir une ETI internationale, c'est devenir plus attractif pour les talents, c'est enrichir ses savoir-faire avec un regard plus ouvert sur le monde, c'est accéder à des innovations qu'on n'aurait pas vues si l'on était resté qu'en France, c'est disposer de moyens financiers plus importants pour investir dans l'innovation ; un cercle vertueux puissant où la croissance nourrit le progrès, tant pour les produits ou services offerts par l'entreprise à ses clients que pour les équipes qui se voient ouvrir de nouveaux champs de développement professionnel et personnel.

Croître est devenu une vraie nécessité pour se donner les moyens de progresser sur tous les fronts. Et dans certains marchés très concurrentiels, croître peut parfois être une condition de survie.

Chez Babilou, on a longtemps cru qu'un jour on serait une entreprise stable avec des rythmes d'une entreprise normale… et en fait, cela n'arrive jamais, nous sommes en mouvement perpétuel. En 2013, Babilou recevait le Trophée de la Décennie, remis par Bain & Company et Croissance Plus, reconnaissant à notre PME familiale présente uniquement en France, la plus belle croissance des entreprises françaises créées dix ans plus tôt. Cinq années plus tard, la PME Babilou est devenue une ETI internationale, employant plus de 10 000 personnes, accueillant près de 50 000 enfants chaque semaine dans 13 pays en Europe, aux États-Unis, en Asie, au Moyen-Orient et en Amérique latine. Plus de la moitié de notre activité est désormais internationale.

Notre rôle, c'est de maintenir toutes les équipes en éveil pour garder un niveau d'exigence comme au premier jour. À l'international surtout, il faut être très humble. Personne ne vous attend. Être fort sur son marché domestique ne signifie pas qu'on l'est automatiquement ailleurs. On doit sans cesse se réinventer et définir une stratégie locale de déploiement de nos ambitions en matière de qualité et de croissance. On doit bâtir aussi une communauté d'entrepreneurs et fuir tout signe qui laisserait les dérives bureaucratiques pointer leur nez. C'est ainsi que notre exigence de qualité d'expérience client ou salarié sera contagieuse.

Nous avons réalisé plus de 50 opérations de croissance externe dans 10 pays en dix ans. Si l'on devait donner un seul critère de réussite du projet, ce serait les talents. Il faut réussir à les embarquer dans le projet. Alors, l'entreprise se renforce à grande vitesse. Cela commence toujours par une rencontre humaine autour d'une vision commune de notre impact sur le monde. Même chose pour les clients : ce sont des partenaires qui nous choisissent pour ce que nous sommes et pour notre vision du monde de demain, pas parce qu'on est moins cher que les autres…

Évidemment, chaque histoire est différente et nous avons commis de nombreuses erreurs qui ont toujours été accueillies comme une source d'apprentissage, même si l'on s'en serait parfois bien passé. Nous avons franchi ces étapes avec beaucoup d'humilité, de bon sens, de curiosité pour le monde, et avec beaucoup d'engagement. Nous avons rencontré des exemples inspirants qui nous ont donné de très bons conseils et nous avons su écarter les recommandations qui ne nous semblaient pas adaptées à notre environnement.

Nous sommes restés la raison et le cœur ancrés dans nos valeurs. Et à chaque évolution de processus, installation de nouvel ERP, innovation majeure, recrutement clé, nous nous sommes dit « mais cela aurait été tellement plus simple si l'on avait fait cela plus tôt… ». En lisant ce livre, c'est exactement ce que j'ai pensé : « On aurait fait moins d'erreurs si nous avions eu cet ouvrage dès le démarrage. »

Bien sûr, l'entrepreneur vit son entreprise dans ses veines et avoir les cartes en main de ce qu'il faut faire pour y arriver n'est pas suffisant. En ressentant les évolutions et les besoins de son entreprise dans ses tripes, l'entrepreneur sent intuitivement les nécessités de changement qui se profilent. Un faisceau de signaux faibles crée souvent la prise de conscience de ce qui va arriver si l'on ne s'occupe pas de tel ou tel sujet qui doit progresser ou être réinventé. Et c'est seulement lorsque cette intuition s'éveille que l'entrepreneur doit s'inspirer des bonnes idées de cet ouvrage. Il faudra donc voir ces bonnes idées non pas comme une recette à appliquer pour que ça marche, mais comme des outils permettant d'apporter une réponse sophistiquée à un besoin clé, au bon moment, au bon endroit, avec les bonnes équipes.

#Franceisback

Rodolphe Carle, président de Babilou

# REMERCIEMENTS

Merci à tous les entrepreneurs qui se lèvent le matin avec l'ambition de développer leur entreprise ; vous insufflez votre dynamisme à vos équipes et êtes les moteurs de la création d'emplois sur le territoire ; la France a besoin de vous !

Merci à Christine Lagarde et Ramon Fernandez qui m'ont fait confiance et m'ont immergée dans le chaudron entrepreneurial en me nommant, en pleine crise économique et financière, secrétaire générale du Comité interministériel de restructuration industrielle ; ces trois années (2009-2012) ont été les plus formatrices de ma carrière et m'ont permis de comprendre la profondeur de la dimension humaine de l'entrepreneuriat et les ressorts fondamentaux de la compétitivité économique d'une entreprise et d'un pays.

Merci à Nicolas Dufourcq qui m'a emmenée dans l'aventure Bpifrance, un projet d'entreprise unique au service du pays, alliant « le meilleur du public, le meilleur du privé, le tout dans une banque » ; construire des ponts et faire croître l'optimisme, c'est ce dont notre pays a le plus besoin.

Merci à mes équipes, qui m'ont suivie dans cette aventure au cours de ces cinq années, pour réinventer l'investissement public direct au capital de PME et mettre à disposition des chefs d'entreprise la formation, le conseil et les programmes d'accélération pertinents pour leur stratégie de croissance et de transformation ; votre professionnalisme n'a d'égal que votre engagement.

Merci à Bruno Le Maire, de nous avoir fait confiance, en décidant que 4 000 PME pourraient passer par les programmes « Accélérateur » de Bpifrance pour gonfler le nombre d'ETI en France.

Merci à tous les experts qui ont contribué à cet ouvrage (Frédéric Berner, Jacques Birol, Frédéric Durand, Emmanuel Gonon, Hervé Kleczewski, Élisabeth Laville, Boris Lechevalier, Éric Perrier, William Porret, Pierre-Olivier Pulvéric, François Rivolier, Mathieu Roux, Valérie Tandeau de Marsac, Pascal Viénot) : vous incarnez les coachs positifs, pragmatiques et efficaces, dont les PME ont besoin.

Merci à tous les entrepreneurs qui ont accepté de témoigner : votre parcours est admirable et votre partage d'expérience fera gagner du temps à beaucoup d'autres ; merci à Marie Petitcuénot d'avoir recueilli et retranscrit leurs propos avec fidélité et talent ; un merci tout particulier à Rodolphe Carle et Patrick Daher qui ont accepté de se livrer pour la préface et la postface de ce livre.

Merci à ma famille, qui m'a encouragée dans ce projet personnel, et à tous mes amis pour leur relecture bienveillante, mais non complaisante. Un merci tout particulier à mes deux relecteurs les plus assidus : Jérôme, mon mari, et François Rivolier, mon associé pour une nouvelle aventure – « Geneo, capital entrepreneur ». Cette nouvelle forme d'investissement concilie capital patient, apport de capital humain et écosystème entrepreneurial pour mieux répondre aux attentes des entreprises à fort potentiel de croissance, et donner à chaque génération les moyens de ses ambitions.

# SOMMAIRE



## PARTIE 1

## ACTIVER LA CROISSANCE : LES 4 ACCÉLÉRATEURS

# PARTIE 2
# CONSTRUIRE UNE CROISSANCE DURABLE : LES 5 PILIERS DU SUCCÈS

## CHAPITRE 5 – **LA PRISE DE RECUL**
### S'OFFRIR LE LUXE DE PENSER LOIN



## CHAPITRE 6 – **SAVOIR S'ENTOURER**
### ACTIVEZ VOTRE « CERVEAU COLLECTIF » !

# INTRODUCTION

## LE CERCLE VERTUEUX DE LA CROISSANCE

> *« Ils ne pensaient pas que c'était impossible, alors ils l'ont fait. »*
>
> Mark Twain, écrivain américain (1835-1910)
>
> *« Rien n'est plus imminent que l'impossible. »*
>
> Victor Hugo, écrivain français (1802-1885)

## ■ LA CROISSANCE DES PME : UN ENJEU NATIONAL, UN ENJEU D'ENTREPRISE

Remettre nos PME[1] dans une ambition de croissance est un enjeu majeur pour l'économie française et pour l'emploi des générations futures. Entre 2009 et 2015, les grands groupes ont détruit 80 000 emplois en France[2]. Les start-up de la French Tech sont une chance pour la France et son rayonnement ; elles poussent

---

1. La catégorie des petites et moyennes entreprises (PME) est constituée des entreprises qui occupent moins de 250 personnes, et qui ont un chiffre d'affaires annuel inférieur à 50 millions d'euros ou un total de bilan n'excédant pas 43 millions d'euros.
2. Insee, *Les entreprises en France*, édition 2017.

l'innovation dans notre pays, mais leur contribution à l'emploi est encore faible.

Dans ce contexte, la France a un trésor caché : ses 5 800 entreprises de taille intermédiaire (ETI)[1]. Elles ont créé 337 500 emplois entre 2009 et 2015 et représentent 35 % des exportations. À côté d'elles, les petites et moyennes entreprises (PME) représentent 50 % des emplois en France : c'est donc un enjeu considérable. Mais leur dynamique est trop atone, et par conséquent leur contribution à la création d'emplois trop faible.

L'enjeu est d'aider nos PME à croître pour atteindre la taille d'ETI : l'Allemagne en compte 12 500 et le Royaume-Uni 10 000 ! Il faut aussi faire grandir celles-ci : plus de la moitié des ETI ont moins de 500 salariés. Leur effet d'entraînement sur l'emploi est considérable : à chaque fois que l'on crée un emploi dans une ETI, on crée 3,5 emplois indirects dans l'économie française, compte tenu notamment de leur ancrage très fort dans les territoires et de leur chaîne de sous-traitance.

Croître, c'est aussi votre enjeu, l'enjeu de tout entreprise : une stratégie de croissance peut vous permettre de réaliser des économies d'échelle, d'intégrer la chaîne de valeur, de bénéficier aussi d'un « effet réseau » qui démultiplie votre force de frappe[2].

Afficher un projet de croissance ambitieux et atteindre une taille critique vous engage aussi dans une dynamique motivante pour vos équipes et vous aide à attirer les talents. Vous entrez ainsi dans le cercle vertueux de la croissance.

---

1. Une entreprise de taille intermédiaire est une entreprise qui remplit deux des trois critères suivants : un effectif de 250 à 4 999 salariés, un chiffre d'affaires n'excédant pas 1,5 milliard d'euros ; un total de bilan n'excédant pas 2 milliards d'euros.
2. Selon la loi de Metcalfe, la valeur d'un réseau est proportionnelle au carré du nombre de ses clients, on le verra dans le chapitre 1, § « Les réseaux sociaux sont les nouveaux territoires du consom'acteur ».

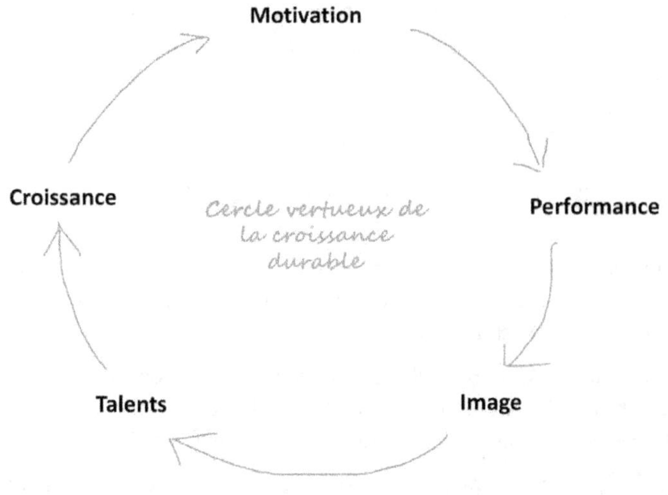




**Figure 1 – Le cercle vertueux de la croissance durable**

Mais la croissance est plus qu'un enjeu économique. Je n'oublierai jamais la phrase de cet entrepreneur ligérien : « La responsabilité sociale de l'entrepreneur, c'est de croître à son potentiel. » Pour lui, ne pas exploiter le potentiel de croissance de son entreprise était irresponsable ; c'était se désintéresser des créations d'emplois possibles et du dynamisme territorial.

J'ai toujours été frappée par l'engagement, voire le patriotisme, des dirigeants de PME/d'ETI. Engagés dans leur entreprise, engagés dans leur territoire, engagés dans la cité, ils ont pour objectif de donner du travail à leurs employés et de créer de l'emploi dans leur région. Homme ou femme, parent ou grand-parent, l'entrepreneur est soucieux du monde qu'il laissera à ses enfants, et de la manière dont son entreprise y contribue. Chacun sait bien que l'ouverture ou la fermeture d'une usine dans un territoire a des effets d'entraînement très forts sur l'emploi direct, mais aussi indirect à travers les services associés, et accélère la vivification ou la désertification de certaines régions.

## ■ DOUBLER DE TAILLE, C'EST POSSIBLE !

Tout part évidemment de votre envie, de votre vision. Si vous avez envie de croissance, si vous êtes animé par un rêve entrepreneurial, alors le monde est à vous !

Nous allons explorer quatre accélérateurs de croissance que sont la performance commerciale, l'innovation, le développement à l'international et la croissance externe.

Ce livre vous aidera aussi à construire le socle d'une croissance durable à travers cinq piliers fondamentaux : la prise de recul stratégique, la gouvernance, le capital humain, la résilience et la finance.

Le digital et la responsabilité sociétale d'entreprise (RSE) ne font pas l'objet de chapitre spécial : c'est un parti pris. Le concept de « stratégie digitale » a vécu : trop abstrait, il est inopérant et peut même devenir un objet de stress. Ce livre défend une approche concrète et pragmatique du digital : il s'agit de regarder comment les outils numériques peuvent accélérer l'innovation et le développement commercial, améliorer la performance industrielle, fluidifier l'organisation, fiabiliser le pilotage, faciliter les transformations… Un coach dédié évoquera les leviers digitaux dans les différents chapitres.

Quant à la RSE, nombre de PME y voient surtout bureaucratie et hypocrisie. Ce sujet, trop dévoyé, doit être réinventé. On lui préférera la notion d'« impact positif », avec l'idée que le sens, l'implication des salariés et des parties prenantes (clients, fournisseurs…), la bonne gouvernance, l'éco-innovation, l'excellence énergétique et environnementale, sont facteurs de croissance et de performance. Les PME, grâce à leur agilité, leurs valeurs et leur sens de la proximité, peuvent y trouver des sources d'innovation et de différenciation. Une coach dédiée vous aidera à insuffler par ce biais encore plus d'énergie positive dans votre projet de croissance. Mais là encore, l'essentiel est de clarifier la « raison d'être » de l'entreprise, celle qui inspire la stratégie et anime le chef d'entreprise que vous êtes mais aussi vos collaborateurs et votre écosystème.

Si vous avez le sentiment, avant d'entamer la lecture du livre, de manquer de vision, interrogez-vous sur vos motivations : qu'est-ce qui vous fait vibrer ? Être entrepreneur, c'est vouloir résoudre des problèmes, satisfaire des besoins non comblés, créer des ouvertures. C'est vouloir « agrandir l'avenir ». C'est le faire aussi avec des valeurs, un ADN et des convictions qui vous donnent la force d'avancer.

Évidemment, il faut oser, avoir de l'audace. Il faut oser aussi se mettre en mouvement et se transformer. Se lancer de nouveaux défis, et accepter les révolutions qu'ils impliquent, notamment sur le plan financier et managérial. Ce n'est pas le point fort des Français. Notre rapport au risque est culturellement compliqué. Mais quand on a une vision, c'est presque une « mission ». Et ne pas oser, c'est risquer de regretter d'être passé à côté de sa vie d'entrepreneur.

Il faut oser jouer collectif, car on ne double pas de taille seul. C'est difficile, surtout quand on a déjà réussi beaucoup de choses. Surtout quand on est une entreprise familiale et que l'on craint une intrusion dans l'intimité de la famille. Et pourtant, le collaboratif est source de richesse et de créativité. La diversité est facteur de performance. Aller chercher son écosystème, voire des acteurs qui ne nous ressemblent pas, s'avère très utile pour mieux interroger son *business model*, pour prendre du recul, pour nouer des partenariats gagnants-gagnants.

Doubler de taille, c'est avant tout un état d'esprit. C'est bien sûr l'esprit de conquête. Mais c'est aussi l'ouverture d'esprit et la prise de recul stratégique. Mon expérience au Comité interministériel de restructuration industrielle (CIRI)[1] m'a montré qu'une entreprise peut mourir d'un surendettement ou d'un effet de levier excessif, mais aussi de facteurs plus profonds et plus structurels parce que, par exemple :

- le dirigeant pense savoir tout faire tout seul ou ne fait pas suffisamment confiance, et peut finir en *burn-out* à force de tout vouloir gérer lui-même ;

- il n'anticipe pas les tendances de marché, les ruptures technologiques ou de *business models* et par conséquent ne fait pas évoluer le positionnement de l'entreprise ;

- il ne communique pas sur sa stratégie (qui n'est pas partagée) ;

- il n'anticipe pas sa transmission capitalistique, managériale, technique ;

- l'entreprise est trop dépendante pour sa croissance d'un donneur d'ordre ;

- elle néglige sa performance opérationnelle et sa compétitivité à long terme ; de ce fait, elle est vulnérable au cycle ou à un accident opérationnel.

Doubler de taille, c'est un projet d'entreprise : il vous faudra embarquer les salariés du premier au dernier, écrire ensemble la stratégie et la communiquer, vous donner des challenges et choisir des porteurs de projet.

---

1. Le Comité interministériel de restructuration industrielle (CIRI) est un service rattaché au ministère de l'Économie et des Finances à la disposition des entreprises en difficulté, pour négocier de façon confidentielle des solutions avec l'ensemble des partenaires de l'entreprise.

Pour réussir, faites de votre projet de croissance un projet d'entreprise : la croissance c'est l'affaire de tous !

## ■ LE CONCEPT DU LIVRE : UN « CARNET DE ROUTE »

Pourquoi écrire ce livre ? Depuis plus de quinze ans, mon action quotidienne est guidée par l'envie d'avoir un impact sur la croissance et la compétitivité des entreprises françaises, et par là même sur l'emploi dans notre pays. Au ministère de l'Économie et des Finances, à Bruxelles, au CIRI ou encore chez Bpifrance, j'ai côtoyé plusieurs milliers de chefs d'entreprise. Ils m'ont confié leurs ambitions, leurs clés de succès, leurs échecs et leurs rebonds, les freins extérieurs à leur croissance mais aussi leurs doutes et leurs autolimitations. Avec mes équipes, j'ai œuvré à leurs côtés pour faciliter le redressement de plusieurs centaines de sociétés en difficulté et accélérer la croissance de plusieurs milliers d'entreprises à potentiel. J'ai ressenti le besoin de partager ces retours d'expérience, pour aider d'autres chefs d'entreprise à aller plus vite, plus fort. Ce livre est une façon de rendre hommage à l'énergie et au talent de tous les dirigeants que j'ai pu rencontrer, et de transmettre ce qu'ils m'ont appris. J'aimerais que chaque chef d'entreprise y trouve des clés pour accélérer sa croissance, pour oser de nouvelles stratégies, pour croire en son potentiel… et renforcer les rangs de la France qui gagne.

Ce livre se veut pratique. Il aura atteint son but si vous l'avez annoté, griffonné ! C'est votre « carnet de route ». L'objectif est, sur chaque thème, de vous donner des éléments de réflexion, des leviers, des conseils, des témoignages d'experts et d'entrepreneurs, et des outils concrets. Mais c'est surtout une invitation à vous (re)poser les questions fondamentales, à porter un regard nouveau sur les neuf sujets abordés et à vous projeter dans l'avenir.

C'est un livre tourné vers l'action, un livre dont vous serez le coauteur. À la fin de chaque chapitre, vous serez invité à renseigner une nouvelle page de votre « carnet de route ». L'objectif est de vous permettre de formaliser par écrit les idées/projets que vous avez envie de faire avancer. Ce carnet vous aidera à prendre des décisions, et à vous organiser pour les mettre en œuvre de manière très concrète. Prenez quelques minutes, à l'issue de chaque chapitre, pour vous demander ce que vous appliquez déjà dans votre entreprise, ce que vous pourriez développer ou mettre en place. Peut-être d'ailleurs pouvez-vous avoir cette discussion avec votre comité de direction (Codir) ? Puis vous organiser ensemble pour activer ce levier de croissance !

Vous n'êtes pas obligé de le lire d'une traite, ni même dans l'ordre proposé. Certains sujets vous interpelleront plus que d'autres : partez une heure vous promener, dormez dessus, reprenez le livre le lendemain, et levez un frein à la croissance !

# CARNET DE ROUTE

## Mode d'emploi

### Points forts

Renseignez ici les bonnes pratiques ou démarches en cours qui vont dans le sens du développement de votre entreprise sur l'axe traité par le chapitre. N'hésitez pas à communiquer sur ces points forts au sein de l'entreprise. Cela renforce la confiance et vous aide à aller de l'avant.

### Axes de progrès

Renseignez ici les sujets sur lesquels vous pouvez, après réflexion, aller plus loin. Vous pourrez reprendre cette liste progressivement et mettre ces sujets à l'ordre du jour de prochaines réunions de comité de direction.

### Décision

Choisissez un sujet sur lequel vous pensez pouvoir avoir un résultat rapide et/ou impactant, et mettez l'entreprise en mouvement ! Vos concurrents bougent, vous aussi. Vous pouvez les choisir dans vos axes de progrès ou bien construire sur vos points forts pour aller plus vite, plus loin. Ce livre est conçu pour vous aider à passer à l'action.

### Objectif

Sur le sujet choisi, quel objectif vous fixez-vous ? À quoi jugerez-vous que le projet a porté ses fruits ? L'objectif peut être défini en chiffre d'affaires additionnel, résultat contributif, satisfaction clients ou tout autre impact positif… Choisissez un à trois indicateurs clés de succès – pas plus. Vérifiez que le porteur de projet (voir plus bas) est à l'aise avec cet objectif et externalisez cet objectif auprès du Codir, voire plus largement au sein de l'entreprise.

### Calendrier/Rétroplanning

Il ne faut pas confondre vitesse et précipitation. Prenez le temps de bien évaluer le délai dans lequel vous pouvez avoir un résultat intermédiaire/final. L'important est de lancer une dynamique, et pour cela de fixer une date, et de mettre en place un rétroplanning pour tenir l'engagement de délai que vous vous donnerez. Là aussi, il est conseillé de vérifier que le porteur de projet peut assumer ce calendrier et communiquer sur cette date au sein de l'entreprise.

### Responsable du projet

Nommez un responsable de projet… qui ne soit pas vous ! La délégation est la clé du succès. C'est elle qui vous permettra de conserver suffisamment de temps pour la stratégie. C'est l'occasion de témoigner de votre confiance dans un haut potentiel de votre entreprise, qui aura envie de démontrer par ce projet qu'il en a sous la pédale. Si vous n'avez pas ce type de profil, choisissez la personne qui vous semble la plus adaptée, qui donnera le meilleur d'elle-même, quitte à lui donner une ressource externe en appui (stagiaire d'école, VIE[1] si c'est à l'étranger, intérim…). Dans tous les cas, organisez des points réguliers avec le pilote du projet pour lui montrer que vous attachez de l'importance au sujet et que vous l'appuierez dans la conduite de projet.

### Contributeurs internes

Communiquez sur le lancement de ce projet et organisez un *kick-off* pour « installer » le responsable de projet. Incitez les contributeurs internes à se manifester spontanément.

---

1. Volontariat international en entreprise.

**Contributeurs externes**

Pour certains projets, il peut être intéressant d'associer votre « écosystème » à la réflexion : vos clients, vos fournisseurs, vos conseils, les entrepreneurs de votre territoire… Peuvent-ils avoir un regard utile sur le sujet ? Vos questions susciteront sans doute leur intérêt et seront peut-être l'occasion de vous impliquer dans les projets de vos parties prenantes pour un enrichissement mutuel, sans viser le profit à court terme.

À la fin du livre, vous aurez « revisité » votre plan stratégique et aurez un « carnet de croissance » ainsi qu'un plan de pilotage clair pour vous et votre comité de direction (voir « Carnet de croissance – Synthèse des plans d'actions » en fin d'ouvrage).

Ce livre ne pouvait s'achever sans une prolongation digitale : le physique et le digital ne s'opposent pas, ils sont complémentaires. Le site « carnetdecroissance.fr », celui de toutes les générations d'entrepreneurs qui vont de l'avant, vous permettra de retrouver les outils du livre : des autodiagnostics vous sont proposés en ligne pour vous aider dans cette réflexion et faciliter le travail sur le carnet de route. Vous pouvez aussi télécharger vos carnets de route thématiques, les trames de plans de pilotage et autres outils que vous découvrirez au fil de ce livre.

Vous pourrez ainsi prolonger la réflexion stratégique, au fur et à mesure de vos lectures et de vos bonds en avant !

Prolongez l'aventure sur : www.carnetdecroissance.fr et sur les réseaux sociaux :

- Fanny LETIER
- @LETIERFanny
- Carnet de croissance

Bonne lecture !

# ACTIVER LA CROISSANCE : LES 4 ACCÉLÉRATEURS

Vous venez d'ouvrir ce livre et vous êtes déterminé à accélérer pour doubler de taille. Passons à la mise en œuvre ! Ce livre est là pour vous aider à vous emparer de 4 grands accélérateurs de croissance :

- La performance commerciale : plus que jamais, le plus grand déterminant de la croissance, c'est votre client. De sa propension à vous prescrire ou à vous tourner les talons, dépend la réussite de votre entreprise. Booster la performance commerciale, c'est repenser la relation client pour en faire un acteur central de votre développement.

- L'innovation : formidable moteur de croissance et de compétitivité, l'innovation est d'abord une aventure humaine ; nous explorerons comment booster et diffuser l'innovation sous toutes ses formes : innovation technologique, innovation de produit ou de service, innovation marketing ou commerciale, innovation de procédé, innovation de *business model* ou encore innovation sociale. Vous n'avez pas forcément besoin d'un gros budget pour décoller !

- Le développement à l'international : la France est trop petite pour vous y limiter. Bâtissez méthodiquement votre stratégie d'internationalisation en construisant sur vos forces. Vous trouverez à l'international de nouveaux marchés mais aussi de nouvelles idées et de l'énergie !

- La croissance externe : c'est encore le moyen le plus rapide pour réussir à doubler de taille ! Diversification, acquisition de clients, économies d'échelle… elle peut répondre à de nombreuses problématiques stratégiques, mais il faut en maîtriser les risques, de la préparation à l'intégration, et faire preuve de leadership.

Commençons par l'alpha et l'oméga de la croissance : vendre plus, vendre mieux !

# CHAPITRE 1
# LA PERFORMANCE COMMERCIALE

## LE CLIENT, PREMIER PARTENAIRE DE VOTRE SUCCÈS

*« Les gens ne croient pas ce que vous leur dites.*
*Ils croient rarement ce que vous leur montrez.*
*Ils croient souvent ce que leurs amis leur disent.*
*Ils croient en tout temps ce qu'ils se disent à eux-mêmes. »*

Seth Godin, entrepreneur américain, ancien responsable du marketing de Yahoo !

*« Le marketing est une guerre de perception et non de produit. »*

Al Ries, consultant et auteur américain

La France est une nation de créateurs, d'ingénieurs. La perfection du produit, sa beauté, l'excellence conceptuelle et technologique sont au cœur de nos préoccupations. Mais ces réflexes peuvent parfois nous éloigner du client et de ses attentes. Créer et concevoir des produits, c'est bien, réussir à les commercialiser, et notamment hors de nos frontières, c'est mieux.

La fonction commerciale, la communication et la marque sont largement sous-estimées par les PME et les ETI. Votre produit peut être le meilleur produit du monde… mais qui le sait ? Ce sentiment est-il partagé ? Au fond, vous êtes-vous demandé à quel problème vous apportez une solution ? Est-ce que vos clients vous sont attachés et seraient prêts à vous recommander à d'autres ?

Pour doubler de taille, ne soyez plus « vendeur » mais « offreur de solutions ». Ne vendez plus, faites-vous prescrire.

 **Quelques repères**

- La fonction commerciale est injustement sous-valorisée. Résultat : seuls 10 % des diplômés de grandes écoles occupent une fonction commerciale. Seulement 10 à 15 % des formations françaises en écoles de commerce sont consacrées à la vente et à la négociation ; management et financement sont privilégiés[1]. C'est l'un de nos talons d'Achille.
- Les entreprises françaises vendent trop peu en ligne : 7 Français sur 10 achètent des produits en ligne, mais seulement 1 PME sur 8 dispose d'une solution e-commerce[2]. Les commandes e-commerce B to B connaîtront plus de 30 % de croissance d'ici à 2020[3].
- 70 à 80 % de nos achats seraient irrationnels, donc guidés par nos émotions, selon les travaux de chercheurs américains[4]. Une bonne raison de travailler son pitch et sa marque !
- Le marketing digital, c'est stratégique en B to C, mais aussi en B to B. Le monde compte 3,8 milliards d'internautes[5]. En France, les internautes passent en moyenne dix-huit heures en ligne par semaine[6].

1. Source : CGE, 2016.
2. Deloitte, 2017.
3. FEVAD, 2015.
4. Cités par Michel Badoc, professeur émérite à HEC et coauteur avec Anne-Sophie Bayle-Tourtoulou de *Le neuro-consommateur. Comment les neurosciences éclairent les décisions d'achat du consommateur*, Eyrolles, 2016.
5. Global Digital Statshot Q2 2017, We Are Social.
6. Baromètre du numérique 2016, Crédoc.

- Internet est un formidable outil de veille et un révélateur de tendances.
- 57 % des gens parlent plus sur le Net que dans la vie réelle[1], et cela ne fait qu'augmenter.

## Enjeux et convictions

- Une entreprise de croissance est une entreprise « connectée »... au client, qu'elle place au cœur de sa stratégie et de ses démarches d'innovation et de développement. Le monde et les usages ne sont pas figés : ils sont coconstruits en permanence par une nouvelle alliance entre l'entreprise et les individus. L'entreprise de croissance, c'est celle qui entretient une relation continuelle avec les utilisateurs, et qui développe une intelligence économique, informationnelle et relationnelle avec eux.
- Le consommateur a pris le pouvoir. Il n'est plus un client mais un partenaire. C'est lui qui fait bouger le marché, il est devenu un « consom'acteur ». La première conséquence, c'est une révolution de l'approche commerciale : on passe de la prospection à la conversation. Le discours d'une entreprise a plus d'impact s'il est relayé par les clients. Souvenez-vous du tweet d'Oprah Winfrey, la célèbre présentatrice américaine, en 2015 : « Cet appareil ActiFry a changé ma vie »... Le cours de Bourse de Seb s'est emballé. La valeur est dans la prescription ; l'influence génère durablement des ventes. C'est aussi vrai du B to B qui devient B to B to C.
- La performance commerciale est devenue émotionnelle. Lorsqu'elle porte une mission, lorsqu'elle cherche à avoir de l'impact et une utilité, l'entreprise sort de l'acte de vente pur. Elle en appelle à l'adhésion et l'implication. De ce point de vue, la marque Apple est un cas d'école. Elle se mesure au nombre de fans capables d'en découdre avec les défenseurs du PC ou de Samsung, dans une forme d'identification culturelle. La performance interne de l'entreprise reste importante, mais elle passe désormais au second plan aux yeux des clients. Un utilisateur impliqué ne se détournera pas de vous pour un produit qui le déçoit, il s'emploiera à vous deman-

---

1. Ogilvy, 2011.

der des améliorations. Voilà le type de relations que crée une démarche commerciale adaptée au nouveau monde. C'est une révolution pour vos commerciaux qui doivent véhiculer cette émotion.

## ■ VOS LEVIERS

### LEVIER N° 1 : LA CULTURE D'ENTREPRISE

#### Le client, c'est l'affaire de tous

Le « virus » commercial doit diffuser dans toutes les fonctions : opérationnelles et industrielles, R&D, RH, administratives et financières… Toutes doivent promouvoir et porter la stratégie de l'entreprise, savoir exprimer la proposition de valeur, concevoir leur rôle comme un élément d'une chaîne permettant de délivrer le meilleur produit, le meilleur service au client. Une idée simple pour commencer : en travaillant avec eux à un pitch partagé (*cf.* infra), vous vous offrez un facteur de cohésion et d'impact commercial.

#### Travaillez votre pitch... en équipe !

Connaissez-vous Simon Sinek et son livre *Start With Why : How Great Leaders Inspire Everyone to Take Action*[1], ou sa conférence TED[2] « Start with why : how great leaders inspire action » ? Dans le triptyque « why/how/what », tout le monde connaît le « what », ce qu'on fait. Une bonne partie des entreprises connaissent leur « how ». Très peu d'entre elles connaissent et expérimentent le « why ».

---

1. Simon Sinek, *Start with Why: How Great Leaders Inspire Everyone to Take Action*, Portfolio, 2011.
2. Disponible sur YouTube.

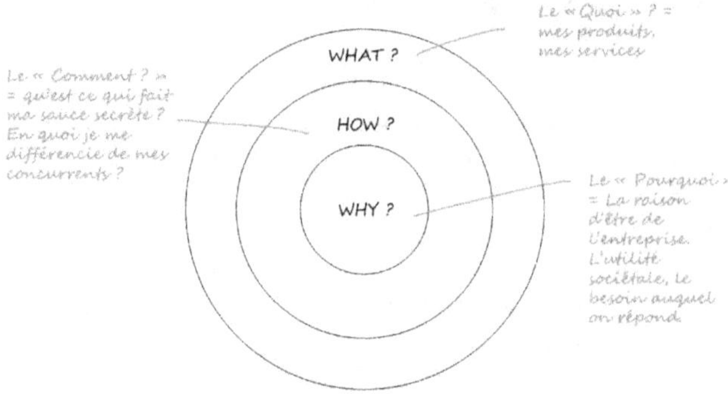



Adaptation de © 2013 Simon Sinek, Inc.

**Figure 2 – Le triptyque « why/how/what »**

« People don't buy what you do, they buy why you do it » (Simon Sinek). Le « why ? », c'est donc le point de départ de votre pitch. Comment le structurer ?

- Étape 1 – La vision, le « why » : prenez de la hauteur et donnez du sens.

- Étape 2 – La réponse/le positionnement, le « how » : « On a inventé… ». Soyez différenciant, retirez de la description tout ce qui est également vendu par vos concurrents. Vous êtes n° 1 de quoi ? Citez un ou deux chiffres, un ou deux exemples frappants, pour crédibiliser.

- Étape 3 – Les perspectives : pour votre client, pour le monde et la société. Exprimez l'avenir en chiffres et en images.

Plus difficile : savez-vous définir votre entreprise en 10 mots ? C'est important, c'est le fameux *elevator pitch* qui ne dure que 30 secondes, 45 secondes au maximum. Que diriez-vous à un acteur clé pour votre développement le temps d'atteindre votre étage ? Provoquez une question, un sourire, une lueur dans les yeux de votre interlocuteur !

**Le mot du coach** 

## Rêvez, pitchez, doublez

« Un ordinateur, pour moi, c'est la bicyclette de l'esprit. » Voilà ce que proclamait Steve Jobs avant Macintosh. « Je rêve de faire l'Amazon de l'industrie », déclare, en 2018, Bernard Charlès, qui fait doubler Dassault Systèmes tous les cinq ans au rythme d'un rêve nouveau. « Vingt millions en 2020, mine de rien », voilà celui d'Erwan Coatanéa (Sodistra), héraut de la French Fab. À chacun sa façon de rêver, ce qui compte, c'est d'avoir son rêve de champion.

### Comment définir le rêve ?

C'est le futur vu en réalité augmentée. Pour les collaborateurs, il apporte le supplément d'âme qui source l'énergie collective. Pour le marché, c'est l'hypothèse inédite qui change la donne. Pour l'entrepreneur, c'est son inspiration profonde. Voilà pourquoi rêver porte la croissance. Pour s'en convaincre il suffit d'imaginer Steve, Bernard ou Erwan pitcher sans rêve : « Je veux doubler », « Nous voulons devenir la référence », « Nous allons disrupter le marché » à grand renfort de PowerPoint. Quelle version vous donne le plus envie de croître ?

### Rêver, ça ne marche que supporté par un positionnement de champion

C'est avec « Délicieux et sain, le yoghourt Danone est le dessert des digestions heureuses » que Daniel Carasso, Monsieur Danone, a lancé le yaourt à la conquête du monde. À Nancy, j'ai visité une entreprise de 60 personnes qui travaille le Corian, matériau ultramoderne, avec l'amour des compagnons du tour de France. Elle est la seule au monde à le faire ainsi, et réussit. Avec ce positionnement, elle rêve de conquérir l'Amérique et d'y former les premiers compagnons américains du Corian. Armé d'une dizaine de mots pour marquer votre différence, le monde est à vous.

### Rêver, positionner, que manque-t-il d'autre
### pour que la sauce « champion » prenne ?

Exposer les succès de votre entreprise qui prouvent sa capacité à conquérir et à exécuter. Comme protéger de la corrosion la statue de la Liberté quand on s'appelle Rustol, ou faire dire au directeur du château de Versailles « Si Louis XIV avait connu le Corian, Versailles serait en Corian », et l'adopter pour la réfection du château. Vos succès sont vos meilleurs avocats pour donner confiance en votre rêve.

### Rêvez, positionnez, prouvez

« Pitcher en champion* » sera peut-être la première étape d'un parcours, dont vous n'avez même pas encore caressé l'idée. Parti à deux pour créer Capgemini, Serge Kampf n'aurait jamais rêvé, un jour, arriver à 200 000 collaborateurs.

Jacques Birol, LESS & MORE

* L'approche et le terme « pitcher en champion » sont sous copyright LESS & MORE.

## Affichez votre leadership commercial !

Le dirigeant est le premier commercial de l'entreprise. Comment faire pour vous impliquer davantage ? Il ne s'agit pas de devenir commercial à plein-temps, mais de donner l'impulsion, de porter la voix du client au sein de l'entreprise, de faire confiance à vos commerciaux, tout en sachant vous mettre en première ligne pour les clients stratégiques, pour les grands appels d'offres, pour porter l'offre et les valeurs de l'entreprise.

À vous aussi de piloter la fonction commerciale : définir et suivre les résultats et les repositionner si besoin.

Le mot du coach 

### Arrêtez de suivre vos ventes !

### À quoi bon suivre ses ventes ?

À pas grand-chose si les objectifs sont flous et surtout sans bons indicateurs de performance. Suivre ses ventes revient souvent à regarder le chiffre d'affaires facturé, c'est-à-dire à gérer son développement en regardant dans le rétroviseur. Compliqué, dans un monde de plus en plus imprévisible...

**Que faire à la place ?**

Eh bien, piloter ses ventes ! Une démarche volontariste et structurée qui permet de tracer une route et d'ajuster les opérations en permanence. C'est être agile et cohérent.

**Concrètement, ça veut dire quoi ?**

> Soyez moins opportuniste et (re)précisez la stratégie. Revisitez votre portefeuille clients selon les deux axes : CA réalisé et potentiel. Répondez-y avec les données le plus objectives possible, pour chaque client ; challengez vos commerciaux. Regardez aussi la marge par client. Faites votre autodiagnostic (www.carnetdecroissance.fr) et définissez la bonne stratégie (attaque, attaque sélective, défense active ou repli).

> Une fois le cap fixé, assurez-vous de l'alignement de votre équipe commerciale. Vous devez attaquer sélectivement des cibles identifiées : avez-vous les « chasseurs » nécessaires ? Vous devez nourrir la relation avec les clients existants : avez-vous des « éleveurs » ? En réaffectant les ressources ou simplement en reprécisant les rôles, les choses se passent mieux.

> Fixez les objectifs collectifs et déclinez-les individuellement : quoi atteindre à la fin de l'année ? Pensez bien à mettre à la fois la marge et le CA dans les objectifs quantitatifs. Ajustez les rémunérations en conséquence et en cohérence. Communiquez ou mieux, coconstruisez.

Pierre-Olivier Pulvéric, Pentalogy

## LEVIER N° 2 : LA STRATÉGIE D'APPROCHE DES CLIENTS B TO B

### Un peu d'intelligence économique ne nuit pas !

Attaquer les « citadelles », ça commence par bien préparer le rendez-vous avant l'assaut, et récolter le plus d'informations possible sur le client et sur la concurrence : qui est la cible et quels sont ses enjeux ? Qui se positionne en face de vous et quels sont leurs points forts/angles d'attaque ?

- Collectez les données disponibles : communiqués de presse, rapports annuels, vidéos, présentations, blogs de professionnels, par exemple.

- Automatisez les remontées d'informations : flux RSS, alertes (Google Alerts, par exemple) qui permettent d'avoir des notifications sur des sujets de veille/clients mais aussi concurrents avec des mots-clés sur des personnes, des noms de produits, ou le nom commercial de la société…

- Analysez : des sites comme www.netvibes.com peuvent vous aider à centraliser toutes vos informations, actualités et alertes au même endroit, et à les visualiser sous forme d'un tableau de bord.

## Trouvez les bonnes portes d'entrée

- Multipliez le nombre de rencontres et de contacts avec votre prospect : selon la National Sales Executive Association, seulement 10 % des démarches aboutissent quand on a eu trois contacts ou moins.

- Trouvez les personnes susceptibles d'utiliser, de valider, de financer vos produits ou solutions. RH, juridique, achats… évaluez leur niveau d'influence et focalisez-vous sur les personnes clés.

Bonnes pratiques

### Quelques astuces pour identifier les points d'entrée et les personnes clés

Essayez de trouver les organigrammes, regardez les nominations (ex : www.theofficialboard.com), interrogez vos contacts personnels et… regardez qui sont les personnes en copie de vos e-mails d'échange avec l'entreprise.

Regardez sur les réseaux sociaux et dans les programmes des salons, événements, conférences, clubs… Qui prend la parole ?

## Préparez vos angles d'attaque

- Regardez les indicateurs clés de votre cible et montrez que vous pouvez avoir un impact (si possible, chiffrez-le) sur ces indicateurs (le taux de service, la marge opérationnelle par exemple).

- Évaluez les enjeux de chaque personne que vous rencontrez : leur niveau de criticité stratégique et opérationnelle, leur champ d'action géographique (régional/national/mondial), leur urgence. N'oubliez pas de prendre en compte les enjeux personnels de votre interlocuteur : a-t-il besoin de montrer une image (plus) innovante en interne, d'apporter des idées nouvelles (auquel cas lui apportez-vous cette capacité de renouvellement, de disruption) ? A-t-il été mis en difficulté devant sa hiérarchie du fait de problématiques de qualité, robustesse, fiabilité (auquel cas il sera rassuré par une solution éprouvée) ?

- Fixez-vous (ou fixez à vos commerciaux) un objectif pour chaque rendez-vous. Définissez vos objectifs en fonction de vos avantages ou désavantages comparatifs : si vous êtes plus fort que vos concurrents, allez vite. Si vous êtes au coude à coude, tentez de déplacer la négociation sur les critères d'achat qui vont vous avantager. Si vous êtes faible ou peu connu, nouvel entrant, concentrez-vous sur une partie du business. L'essentiel, c'est d'entrer en relation.

## Soignez le style

Conduisez l'entretien comme une conversation : on ne pitche pas en *one-to-one*.

- Nouez un contact positif : montrez que vous avez compris les enjeux de votre interlocuteur, proposez un ordre du jour, rappelez l'historique de votre relation, vérifiez et formulez les points d'accord. C'est le moment de se différencier, de créer une valeur subjective, voire de l'émotion. Mais quoi qu'il arrive, quoi que vous disiez, soyez vrai.

- Alternez les questions ouvertes puis plus directives pour réussir à découvrir la situation du client, ses enjeux et l'amener à formuler ses besoins.

- Identifiez le besoin et formulez une réponse qui présente les caractéristiques, les avantages et les bénéfices de votre solution. Mais ne laissez pas la solution dans la nature, vérifiez sa compréhension et son acceptation.

- Récapitulez les contacts et les décisions prises pendant l'entretien, accordez-vous sur un plan d'action et ne repartez pas sans avoir décroché la prochaine étape, et si possible pris le prochain rendez-vous.

## Le coach digital

### Et si vous gagniez du temps en répondant à des appels d'offres dématérialisés ?

Pensez aux abonnements en ligne (www.boamp.fr, https://export.businessfrance.fr ou www.doubletrade.com) ainsi qu'aux plateformes clients (Renault, Bouygues Construction...). Bien sûr, ces processus peuvent être chronophages : augmentez votre taux de transformation en étant sélectif. Pour cela, concevez votre matrice Go/no Go en trois ou quatre questions clés. Des logiciels spécialisés comme Wanao vous permettent de gérer de bout en bout vos appels d'offres. Si vous perdez, demandez un retour pour en comprendre les raisons, configurez des alertes pour la reconduction et devancez le prochain appel d'offres !

William Porret, fondateur d'ENORA consulting

## LEVIER N° 3 : LA VENTE EN LIGNE

### Votre site Internet est-il (vraiment) marchand ?

Beaucoup de sites ne tiennent pas leur promesse, car leur création n'a pas été pensée en vue de les rendre marchands. Quel est le premier objectif d'un site Web ? Retenir le consommateur, lui donner envie d'acheter en ligne ou d'aller en boutique, et de revenir. L'ergonomie est capitale, elle est au cœur de l'expérience utilisateur (le fameux « UX[1] »). Un client passera plus de temps sur vos pages si les images et les contenus sont non seulement intéressants mais aussi à jour, si la navigation est facile, rapide avec des fonctionnalités utiles.

Pour Peter Morville, il y a sept critères d'un bon site Internet :

- *useful* (solutions nouvelles, différenciantes) ;
- *usable* (facile d'usage) ;
- *desirable* (émotion, image de marque) ;
- *findable* (on trouve facilement son produit) ;
- *accessible* (chemin d'accès) ;
- *credible* (intéressant, influenceur) ;
- *valuable* (améliorer ma satisfaction).

---

**❀ Le saviez-vous ?**

La Banque du Canada[2] vous permet d'évaluer la performance de votre site Internet en une minute ! L'outil analyse l'efficacité de votre site Web selon quatre axes : accessibilité/liens, expérience

---

1. User eXperience.
2. https://www.bdc.ca/fr/articles-outils/boite-outils-entrepreneur/evaluation-entreprise/pages/evaluation-gratuite-site-web.aspx

utilisateur, qualité du marketing et notoriété/popularité, qualité de la conception et de la technologie. Le rapport contient des commentaires précis et chiffrés.

## Les *marketplaces* : y être ou ne pas y être ?

Nul ne peut ignorer la puissance des *marketplaces* de type Amazon ou Alibaba. En 2015, le volume des ventes réalisées depuis les *marketplaces* a augmenté de 46 % soit trois fois plus vite que les ventes en ligne[1].

Les *marketplaces* peuvent présenter certains avantages pour les PME, qui peuvent créer rapidement et à peu de frais une vitrine de leurs produits, et bénéficier immédiatement de l'effet de confiance des clients envers leur *marketplace*. C'est notamment le moyen de se développer à l'export et/ou de faire du *testing* à grande échelle, grâce aux systèmes de notations et commentaires.

Mais pour que les résultats soient significatifs, il vous faut construire une stratégie :

- Quelle *marketplace* ? Regardez en détail le positionnement de la *marketplace* : avez-vous les mêmes cibles/publics ? Quelle image la *marketplace* véhicule-t-elle et quel est l'impact pour la vôtre ?

- Quels produits vendre sur la *marketplace* ? Gardez pour votre site vos produits phares, pour mieux connaître vos clients et les fidéliser. Privilégiez les produits qui sont dans votre stock depuis trop longtemps et les accessoires de vos meilleurs produits, de façon à générer des *leads* sur votre site propre.

---

1. Top 15 des audiences de l'e-commerce français établi par Médiamétrie//NetRatings en 2016.

- Quel impact sur la marge ? Renseignez-vous sur les frais réels et leur évolution sur les derniers mois.

- Quel impact sur la trésorerie ? Certaines plateformes paient les commandes en fin de mois, après expédition. Regardez les conditions de SAV, de livraison et de paiement.

- Quelle animation ? Généralement le classement et la visibilité sont liés aux volumes de ventes. Soyez proactif pour faire partie des opérations commerciales.

- Quel contenu transmettre ? Vous devez transmettre toutes les informations nécessaires à la bonne vente du produit. Mais ne dupliquez pas les contenus qualitatifs de votre site Internet, qui doit garder son attractivité.

## Le coach digital 

### Renforcer la relation client, sans attendre la tournée du commercial ? C'est possible avec un portail B to B !

Le portail B to B est une solution *win-win*. Côté client, le portail est un outil de simplification. Il pourra suivre ses commandes et livraisons, renouveler à tout moment sa commande à partir de l'historique, mettre en place des commandes quasi automatiques à partir de certains seuils. Il pourra aussi gérer lui-même son stock de produits – les vôtres ou même les stocks de tous ceux qu'il utilise, ce qui vous donnerait une information essentielle sur vos concurrents ! – ou encore vous faire parvenir ses besoins sur mesure. Pour vous, c'est une nouvelle dimension à la relation client : en lui procurant un univers de services et des solutions en une seule plateforme omnicanale (points de vente, e-commerce, B to B...), comme le propose SI Web par exemple, vous connaîtrez parfaitement vos clients et pourrez augmenter vos ventes (*up sale*) et faire de la vente croisée (*cross sale*).

Le portail B to B, c'est la mort du catalogue !

William Porret, fondateur d'ENORA consulting

# LEVIER N° 4 : LE MARKETING 4.0

Les entreprises qui détiennent le plus gros avantage comparatif aujourd'hui sont celles qui accèdent et entretiennent une connaissance parfaite de leurs clients. Les « consom'acteurs » exigent des réponses à leurs questions, demandent une posture de dialogue de la part des marques. Ils veulent être considérés comme des partenaires, et à ce titre, qu'on les informe, qu'on leur montre des résultats, qu'on leur prouve que leur avis est pris en compte et que le produit et la marque évoluent en conséquence. Lorsqu'ils sont convaincus et fidélisés, ce sont vos ambassadeurs, vos prescripteurs.

 Parole d'entrepreneur :
Julien Chaudeurge, CEO et cofondateur de Babyzen

### Comment fait-on pour être prescrit ?

**Offre et prix du produit très ciblés**

Quand on a créé la poussette Yoyo, on s'adressait à un public de trentenaires citadins issus de catégories socioprofessionnelles aisées. Notre promesse se matérialise notamment dans le fait que la poussette peut être rangée en cabine d'avion. Notre prix était plus élevé que la poussette MacLaren qui dominait alors le marché français. Notre constat a été simple : si nous mettions la poussette en vente partout sans distinction, la clientèle serait déçue et le bouche-à-oreille négatif. Pourquoi déçue ? D'abord parce que tout le monde ne correspond pas à notre cible. Si vous n'êtes pas un citadin aisé amené à prendre régulièrement l'avion ou les transports en commun, alors vous ne serez pas sensible à la technologie de la Yoyo et le prix vous paraîtra trop cher, puisqu'il ne répond pas à un besoin pour vous.

Nous avons donc fait le choix de vendre la Yoyo dans quelques grands magasins emblématiques des capitales comme Harrod's. Nous avons opéré un ciblage très précis des lieux de fréquentation de notre cible et fait en sorte qu'elle nous y voie. C'est un acte de vente très sélectif. Le prix était un élément de ce ciblage. En nous positionnant plus cher, nous avons attisé la curiosité de nos prospects. Ceux qui se sont demandé pourquoi elle était plus chère l'ont essayée. Et ceux qui ont été convaincus sont devenus nos meilleurs ambassadeurs, parce qu'ils se sont identifiés à ce choix.

## Entrer dans une logique de prescription

L'étape d'après, c'est quand les clients entrent dans un magasin et demandent vos produits. On inverse alors le rapport de force, et c'est la distribution qui vous demande de distribuer vos produits, sur la prescription des consommateurs.

La logique de vendre, c'est vendre partout, à tout prix. On s'expose alors à une certaine proportion d'insatisfaction qui pollue votre image de marque. La logique de prescription, c'est trouver les personnes qui correspondent à votre univers de marque et à votre produit, et générer de la satisfaction immédiate. Cette satisfaction est le moteur même de l'acte de prescription.

Nous cherchons d'abord, non pas des stars, mais des personnes qui ont de l'influence. La prescription fonctionne si le prescripteur vous est proche et que vous le considérez comme légitime. Ce qui nous intéresse, ce sont des personnes qui ont de l'influence dans leur entourage, peut-être même plus que dans les médias.

## User à fond des potentialités du digital

Le digital est un nouveau canal de la prescription, il est devenu incontournable. Si l'on prend Instagram par exemple, c'est une immense machine de prescription. D'ailleurs quand vous suivez des personnes sur Instagram, vous montrez que vous êtes preneur de leurs prescriptions.

Désormais, le choix des consommateurs est multicanal. Ils entendent parler d'une poussette et vont vérifier ses spécificités ou les avis des consommateurs en ligne. Ou l'inverse. Dans le digital se joue l'apparition de votre produit, mais aussi la confirmation de l'acte d'achat à venir. Nous concernant, les cibles de la Yoyo sont un public très digitalisé. Nous avons donc rapidement travaillé à des mises en scène très soignées de nos produits en ligne. Nous avons aussi fait le choix de parler à ceux qui nous regardent dans leur

> langue et avec leurs spécificités. Contre certains avis, nous avons différentes pages Instagram. Ne serait-ce que pour des raisons de saisons, de climats et de visuels, il est évident qu'on ne peut être proche à la fois de nos clients en Russie ou au Mexique sans personnaliser notre approche.
>
> Enfin, le digital est pour nous un lieu de veille et de remontée d'informations comme de *testing*. Certes, on connaît le prisme des commentaires et des forums. Pourtant, nous suivons en permanence ce qui est dit sur nous et sur le produit. En général, c'est très pertinent d'ailleurs. Lorsque des difficultés nous reviennent par le digital, nous prenons contact avec nos clients pour trouver une solution... et protéger leur capacité de prescription !

Vous faites du B to B ? Ne sautez surtout pas cette section ! Vous devez développer une stratégie de présence en ligne, tout simplement parce que vos concurrents y sont déjà… Par le jeu de la prescription, le B to B a disparu au profit du B to B to C.

## Les réseaux sociaux sont les nouveaux territoires du consom'acteur

Le marketing social est un moyen formidable de créer du lien avec vos clients et prospects. Il permet non seulement une veille de tendances, mais aussi d'obtenir du retour utilisateur. En cela, il est un outil d'adaptation permanente et alimente vos démarches d'innovation et de *design thinking* (*cf.* chapitre 2 « L'innovation »).

Dans cette nouvelle agora numérique, un dialogue émerge, des liens se tissent. On y utilise un ton amical de proximité. Et comme dans toutes les conversations, c'est souvent la loi de l'émotion qui l'emporte. L'émotion, c'est un puissant argument de vente et de prescription de vos produits et de vos services. Transparence, proximité, simplicité et réactivité seront les grands principes qui guideront votre ligne éditoriale et vos interactions. En contrepartie, vous bénéficierez d'une diffusion accélérée de votre message, d'un pouvoir décuplé de recommandation, de nouvelles opportunités rapides de prospection, de communication et de fidélisation.

Selon la loi de Metcalfe, la valeur d'un réseau est proportionnelle au carré du nombre de ses utilisateurs. Les réseaux sont donc des amplificateurs de buzz… positifs ou négatifs. Sachez-le, la gestion de la e-réputation est chronophage, car sur le Net, rien n'est sous contrôle. Pour protéger sa e-réputation, il faut réussir à nourrir son réseau de prescripteurs pour obtenir régulièrement des recommandations et des notes positives. Il faut créer un flux de paroles positives sur soi pour soigner et actualiser son propre référencement. Et en cas de crise, les dirigeants devront prendre en main la situation : « Votre marque n'est pas ce que vous en dites mais ce que Google en dit » (Chris Anderson).

Si vos équipes sont prêtes à être visibles, il est utile de leur créer des comptes sur les réseaux sociaux. Cette présence humanise la voix de l'entreprise.

 **Le saviez-vous ?**

LinkedIn établit en un clic votre indice *social selling* : mis à jour quotidiennement, il mesure votre efficacité à imposer votre marque, à trouver les bonnes personnes et à construire des relations. Il vous positionne au sein de votre réseau mais aussi de votre secteur[1].

## Soyez « influenceur », plutôt qu'« influencé »

Le marketing de contenu consiste à mettre à la disposition de votre communauté de prospects ou de clients des contenus utiles ou

---

1. https://www.linkedin.com/sales/ssi

ludiques. C'est à la fois un outil technique de référencement en ligne et un outil commercial de différenciation.

Par quoi commencer ?

- Tapez votre nom et le nom de votre entreprise dans les moteurs de recherche pour vous mettre à la place de quelqu'un qui cherche des informations sur vous. Quelle image dégage cette première recherche ? Est-ce conforme à l'image que vous voulez renvoyer ? Les contenus sont-ils suffisants, clairs, à jour, et adaptés à votre public ?

- Mettez à jour vos profils LinkedIn et Viadeo. C'est ce que verront les personnes qui feront des recherches sur vous et ceux sur qui vous faites des recherches (qui se verront notifier « X a consulté votre profil »). Soyez à votre avantage. Montrez votre différence. Reprenez les éléments de pitch.

- Produisez des contenus pour démontrer votre expertise et votre valeur ajoutée, pour mettre en valeur vos produits, vos salariés auprès de vos clients, professionnels ou fournisseurs.

---

**⚜ Le saviez-vous ?**

Slideshare est un outil qui vous permet de poster des présentations en ligne pour démontrer votre expertise et vos compétences. La présentation est ainsi facilement diffusable à vos clients, visible et partageable sur votre site Internet et vos réseaux sociaux.

---

Votre principal enjeu consiste à raconter une histoire, pour éviter le côté rébarbatif de certaines présentations. Chaque page qui se tourne doit permettre de découvrir une nouvelle information en lien avec les précédentes. Il vous faut créer une expérience de lecture adaptée aux lecteurs, une présentation lisible (avec des graphiques, un vocabulaire adapté et un enchaînement logique), créative et intelligente.

Les vidéos sont une preuve de transparence et l'expression de la culture d'entreprise, de la passion et du savoir-faire des équipes. Ce sont deux facteurs de confiance pour vos clients. Montrez ce que vous faites, créez de l'empathie. Montrez aussi votre ouverture d'esprit *via* une présentation originale (par exemple en collaborant avec un artiste ?). Vous pouvez aussi créer une chaîne YouTube.

## Pour aller plus loin...

Le *search marketing* assure votre présence dans les résultats des moteurs de recherche quand les clients tapent une requête donnée – l'objectif étant de créer du trafic vers une *landing page* qui conduira potentiellement à une transformation commerciale. Toutefois, cela peut représenter un budget significatif : faites votre analyse coûts/bénéfices.

Le *marketing mobile* vous permet de toucher le consommateur au plus proche de sa démarche d'achat : capture de données, géolocalisation, service consommateurs. Là aussi, attention aux coûts et à la nature plus intrusive de la démarche.

L'*inbound marketing* consiste à faire venir le client à soi plutôt que d'aller le chercher. Différents outils peuvent vous y aider (jeux concours, enquêtes…) et vous permettre de générer une base de données qualifiée.

 **Le saviez-vous ?**

Le règlement général sur la protection des données (RGPD) renforce les droits des personnes et responsabilise davantage les organismes publics et privés qui traitent leurs données. Vous devez notamment sécuriser les données en ligne, informer les clients sur l'usage de leurs données et leur donner la possibilité de contrôler la manière dont vous le faites. En 2018, la CNIL a élaboré, avec Bpifrance, deux guides pratiques à l'usage des PME[1].

Figure 3 – Ma communication digitale est-elle efficace ?

# LEVIER N° 5 : L'ÉMOTION ET LA MARQUE

Savoir vendre, c'est travailler la marque, et refléter à travers elle les racines territoriales, familiales et sociales de l'entreprise. Cet ADN de l'entreprise française/européenne et son ancrage parfois multiséculaire fascinent les nations plus jeunes, et se conjuguent au fil des transmissions avec l'innovation, la qualité, l'excellence à la française.

Pour créer de l'émotion, il faut positionner votre entreprise, lui donner une personnalité reconnaissable par tous les publics, formuler des valeurs et garantir un ancrage et une authenticité.

---

1. *Sachez que faire quand votre entreprise communique et/ou vend en ligne ; Guide pratique de sensibilisation au RGPD pour les petites et moyennes entreprises.*

 **Le saviez-vous ?**

L'émotion se mesure ! Des start-up comme Datakalab développent un bracelet qui mesure l'accélération du rythme cardiaque ou la température de la peau pour qualifier les émotions du consommateur face à un nouveau produit.

## L'univers de la marque amplifie l'impact de vos actions marketing

Se différencier… cela suppose de réfléchir à son identité, la façon dont l'entreprise veut être perçue, par opposition à l'image, qui est la façon dont la marque est réellement perçue. Une bonne marque doit être facilement mémorisable, signifiante, attractive, transférable et adaptable. Elle fournit des facettes d'identité, du sens, une histoire, un système de valeurs, une manière d'échanger avec le consommateur, pour évoquer un bénéfice fonctionnel ou déclencher une réaction émotionnelle.

La marque porte un symbole, un attachement et une possibilité d'identification à des valeurs qui dépasse la valeur usuelle du produit. Le choix entre deux produits ne se joue pas qu'aux spécificités techniques, lorsqu'il y en a ! Il se joue à l'imaginaire qu'ils véhiculent, au mode de vie et aux valeurs qu'ils promeuvent. C'est l'émotion et l'attachement qui feront de la marque le premier actif immatériel de l'entreprise.

En résumé, les vertus de la marque à 360° :

- Pour le vendeur : elle protège les innovations, permet un différentiel de prix, crée du lien avec le consommateur.
- Pour le consommateur : elle crée un environnement affectif et émotionnel particulier, réduit le risque, elle est un moyen d'affiliation et facilite le processus de décision et d'achat.

- Pour le distributeur : elle limite le risque et l'effort commercial, elle génère du trafic en magasin, elle accroît la fidélité à l'enseigne et entraîne des marges plus importantes.

## Les expressions de la marque

L'univers de la marque se canalise souvent dans un *storytelling* sur la marque. C'est un récit qui met en scène l'histoire, la vision et la trajectoire de l'entreprise. Le *storytelling* facilite la compréhension, l'assimilation et la diffusion de l'univers de la marque, surtout s'il réussit à activer le registre de l'émotion.

 **Le saviez-vous ?**

Un consommateur sera prêt à payer 70 $ pour des cuillères sur eBay si elles s'accompagnent d'un *storytelling*, mais seulement 42,83 $ pour les mêmes cuillères sans *storytelling*[1].

Cet univers peut aussi se cristalliser dans :

- Le nom qui doit être simple à prononcer, familier, international, refléter le positionnement.

- Le logo qui a une face matérielle (éléments textuels et iconographiques) et une face conceptuelle (image mentale à laquelle il est associé, histoire qu'il raconte). Le logo doit être modernisé régulièrement.

- Une mascotte qui permet de renforcer l'attachement mais devra être modernisée en permanence.

---

1. Étude 2017, Origin/Hill Holiday.

- Des slogans de marque et/ou une identité musicale (jingle, chanson commerciale) qui permettent au consommateur de saisir le sens de la marque.

- Le design qui doit être attractif, fonctionnel, cohérent avec les valeurs de marque.

- Le conditionnement/packaging qui permet, outre la protection du produit et la facilité d'usage, d'identifier la marque : aujourd'hui les industriels y investissent près de 10 % du prix de vente (voire 25 % dans certains secteurs comme la cosmétique).

La charte graphique permet de décliner et d'harmoniser toutes ces expressions de l'entreprise. Elle regroupe toutes les règles nécessaires pour que chacun s'exprime dans un cadre cohérent et homogène. Elle garantit ainsi la pérennité et le respect du travail d'expression des valeurs.

Les labels génèrent de la fierté en interne et enrichissent l'identité de l'entreprise, tout en créant de la visibilité en externe.

## Le coach « Impact Positif » 

Pour renforcer votre image et votre performance commerciale, renseignez-vous en amont sur les standards RSE et les labels positifs applicables à votre activité et dont la reconnaissance est forte, en France mais aussi à l'international. Certains sont applicables à votre entreprise (par exemple les standards comme ISO 14000, et les labels comme B Corp ou Great Place to Work…) et d'autres plus directement à votre offre (voir notamment les labels bio ou l'écolabel européen, valable dans 52 catégories de produits ou services et reconnus dans tous les pays de l'Union européenne). Dans tous les cas, ce sont de bons guides pour améliorer la qualité (réelle et perçue) de vos pratiques et de vos produits ou services… mais aussi vous différencier avec un *storytelling* très concret.

Élisabeth Laville, fondatrice du cabinet spécialisé Utopies

## Les relations presse

Une retombée presse peut créer un effet positif sur la réputation concurrentielle de l'entreprise et sur sa marque employeur (*cf.* chapitre 7, levier n° 5 « La marque employeur »), renforcer le sentiment d'appartenance et la fierté de vos équipes. Pour entrer dans le radar des journalistes, il conviendra de s'appuyer sur l'actualité et les sujets récurrents. Il faut aussi miser sur les cascades d'informations : les médias spécialisés sont repris par les médias généralistes, à leur tour repris par les médias grand public.

Le retour sur investissement de la communication, ça se mesure ! Il est très recommandé de mettre en place un suivi de votre plan d'action grâce à des KPI précis. Regardez vos résultats, et ajustez vos objectifs et votre plan d'action.

 **CARNET DE ROUTE**

## Performance commerciale

Prenez quelques minutes pour vous demander ce que vous appliquez déjà dans votre entreprise, ce que vous pourriez développer ou mettre en place. Pensez à faire votre autodiagnostic en ligne[1] ! Peut-être d'ailleurs pouvez-vous avoir cette discussion avec votre Codir ? Puis organisez-vous pour activer ce levier de croissance !

### Points forts

Pour vous aider à compléter cette rubrique, pensez à vos plus grandes fiertés/victoires commerciales : pourquoi avez-vous été choisi ?

.................................................................................

.................................................................................

.................................................................................

.................................................................................

.................................................................................

.................................................................................

### Axes de progrès

Pour vous aider à compléter cette rubrique, pensez à vos plus grands flops commerciaux : pourquoi avez-vous perdu ?

.................................................................................

.................................................................................

.................................................................................

---

1. www.carnetdecroissance.fr

........................................................................................

........................................................................................

........................................................................................

## Décision

Par quoi commence-t-on ? Quel verrou à la croissance fait-on sauter ?

........................................................................................

........................................................................................

........................................................................................

........................................................................................

........................................................................................

........................................................................................

## Objectif

Choisissez un à trois indicateurs clés de succès – pas plus – et validez-le avec le porteur de projet et/ou le Codir. Une citadelle à attaquer ? Un pourcentage de croissance des ventes totales ou en ligne ? Lancez-vous un défi !

........................................................................................

........................................................................................

........................................................................................

........................................................................................

........................................................................................

## Calendrier/Rétroplanning

Date de lancement ; date pour atteinte des objectifs. N'hésitez pas à caler des dates intermédiaires/points de rendez-vous.

...................................................................................

...................................................................................

...................................................................................

...................................................................................

...................................................................................

...................................................................................

## Responsable du projet

Qui est votre haut potentiel/personne clé sur ce levier commercial ? Qui va relever le défi ? Qui voulez-vous motiver ?

...................................................................................

...................................................................................

...................................................................................

...................................................................................

...................................................................................

...................................................................................

## Contributeurs internes

Le client, c'est l'affaire de tous ! Ayez les compétences le plus diverses possible dans votre équipe projet « commando ». Surtout pas uniquement les commerciaux.

...................................................................................

...................................................................................

..............................................................................

..............................................................................

..............................................................................

## Contributeurs externes

Vos clients peuvent-ils être embarqués dans cette démarche ?

..............................................................................

..............................................................................

..............................................................................

..............................................................................

..............................................................................

## Votre pitch en 10 mots

Si vous n'en avez pas, ou si précisément c'est le pitch que vous avez identifié comme axe de progrès, essayez quand même de faire l'exercice maintenant. Vous aurez tout le temps de l'améliorer ensuite, avec vos équipes. Vous verrez de cette façon si vos équipes choisissent les mêmes mots.

..............................................................................

..............................................................................

..............................................................................

..............................................................................

..............................................................................

**C'est parti ! Vous avez activé un levier de croissance.**

**Vous pouvez passer au suivant !**

# CHAPITRE 2
# L'INNOVATION

## L'ENTREPRISE DE CROISSANCE EST UNE ENTREPRISE INNOVANTE (ET *VICE VERSA*)

*« Les marchés ne sont pas faits pour être étudiés mais pour être créés. »*

Akiro Morita, cofondateur de Sony

*« Anyone who has never made a mistake has never tried anything new[1]. »*

Albert Einstein, prix Nobel de physique en 1921

S'il y a 21 000 entreprises centenaires en France[2], c'est bien qu'elles ont su innover régulièrement pour éviter de mourir, consolider ou accroître leurs parts de marchés, voire en conquérir d'autres.

---

1. Celui qui n'a jamais fait d'erreur n'a jamais rien essayé de nouveau.
2. Insee, 2016.

Pour l'OCDE, l'innovation est le premier facteur de croissance économique et de richesse d'un pays. Les entreprises qui innovent exportent plus que celles qui n'innovent pas. Elles exportent vers davantage de pays. Leurs exportations croissent plus rapidement et elles sont moins sensibles à la conjoncture.

 **Quelques repères**

- La France est dans le Top 10 mondial en matière d'innovation : le classement Bloomberg 2018 de l'innovation la place en 9e position.
- L'innovation paie : plus de 75 % des revenus générés par les entreprises les plus innovantes le sont grâce à des produits qui n'existaient pas cinq ans plus tôt[1].
- L'innovation est critique pour assurer la pérennité de l'entreprise. Environ 90 % des entreprises estiment qu'elles innovent trop lentement[2].
- Les écosystèmes innovants sont en région. En France, plus de 8 500 entreprises sont membres de pôles de compétitivité[3].
- Les PME sont à l'origine de plus de 2 500 demandes de brevets, soit 21,2 %. Ce chiffre est en hausse constante depuis 2012 (+ 6,9 % en quatre ans). Les ETI représentent près de 950 demandes de brevets soit 7,8 %[4].
- 78 % des entreprises qui font appel au design améliorent significativement leur compétitivité.
- 91 % des entreprises qui utilisent le design perçoivent une augmentation significative du niveau de satisfaction de leurs clients[5]. Pourquoi s'en priver ?

---

1. PricewaterhouseCoopers, 2013.
2. Capgemini Consulting et Altimeter, 2015.
3. Avis du Conseil économique, social et environnemental, Frédéric Grivot, « Quelle politique pour les pôles de compétitivité ? » octobre 2017, Journal officiel.
4. Rapport annuel INPI, 2017.
5. Étude sur l'économie du design réalisée à la demande de la Direction générale de compétitivité, des services et de l'industrie (DGCIS) - juillet 2010.

## Enjeux et convictions

- L'innovation ne se résume pas à la R&D et aux technologies. Selon l'OCDE, 50,98 % des innovations n'intègrent aucune dimension technologique et relèvent de l'usage des produits et services, ou des modèles d'affaires. « L'innovation, c'est avant tout le processus qui mène à la mise sur le marché de produits ou de services rencontrant un besoin, porté par des individus engagés dans une démarche entrepreneuriale[1]. »

- Une invention technique sans application n'est pas une innovation : c'est un mauvais investissement. L'innovation technologique doit partir des attentes du client ou de l'utilisateur.

- L'innovation sert la stratégie dans toutes ses dimensions mais l'innovation de modèle d'affaires est celle qui vous fera accélérer le plus dans la croissance. C'est la stratégie Océan Bleu qui consiste à occuper des espaces de marché non encore explorés par l'écoute des « non-clients » et la proposition de réponses adaptées, radicalement différenciantes.

- L'innovation est d'abord une aventure humaine : le leadership, la diversité, la qualité et la motivation des équipes, l'organisation et le management y sont totalement essentiels. Innover suppose de savoir intégrer le risque, de considérer l'échec comme une étape incontournable, et être suffisamment agile pour réorienter vos efforts chaque fois que nécessaire.

- L'innovation ouverte vous permet d'attirer des talents externes à l'entreprise et de réduire le coût de l'innovation. Elle fait entrer des idées, des technologies, de la propriété intellectuelle externe dans vos processus de développement et de distribution. Elle permet aussi, en sens inverse, de valoriser vos innovations lorsqu'il est intéressant pour vous de les voir utiliser par d'autres.

---

1. Rapport Beylat-Tambourin « L'innovation, un enjeu majeur pour la France : comment dynamiser la croissance des entreprises innovantes ? », juillet 2013, La Documentation française.

# ■ VOS LEVIERS

## LEVIER N° 1 : UNE APPROCHE LARGE DE L'INNOVATION

Vous pensez que vous êtes trop petit, pas assez technologique, pas assez équipé en R&D pour innover ? Le tableau de bord européen de l'innovation[1] montre que 46 % des entreprises européennes innovantes ne s'appuient sur aucune activité de R&D en leur sein.

### Six pistes pour innover !

Les sources d'innovation sont en effet plurielles : le référentiel « Innovation nouvelle génération » élaboré par Bpifrance, la Fondation Internet nouvelle génération (FING) et l'écosystème de l'innovation français décrit un référentiel avec six catégories d'innovation :

1. L'innovation technologique vient naturellement à l'esprit, mais elle n'est pas suffisante en soi pour vous faire doubler de taille. Elle apporte des performances supérieures, un meilleur rapport entre performance et coûts, voire des possibilités entièrement nouvelles. Mais pour transformer cette innovation en succès commerciaux et revenus complémentaires, un travail sur l'usage est indispensable. L'innovation technologique doit donc se compléter d'une innovation de produit/service, de procédé/d'organisation, de marketing/commercialisation ou de *business model*.

---

1. https://ec.europa.eu/growth/industry/innovation/facts-figures/scoreboards_fr

> **⚜ Le saviez-vous ?**
>
> Le crédit d'impôt recherche (CIR) français est en constante augmentation, et figure parmi les plus généreux au monde : 5,5 milliards d'euros en 2016, contre seulement 1 milliard en 2005. En France, les TPE et PME représentant presque 90 % des bénéficiaires, mais seulement 20 % des crédits d'impôt[1].

**2.** L'innovation de produit, de service ou d'usage part du client : c'est celle qui répond à un besoin non satisfait, résout un problème ou crée un nouveau marché : le client/l'utilisateur y gagne notamment en termes de performance, de facilité d'usage, de qualité, de fonctionnalités, d'aspect. C'est une nouvelle « expérience » utilisateur. Cette innovation nourrit directement votre chiffre d'affaires.

**3.** L'innovation de procédé ou d'organisation change la manière dont l'entreprise organise son travail et sa chaîne logistique ; elle est gage de performance, mais aussi de croissance. Adopter de nouvelles machines, se digitaliser, revoir son organisation et son management, c'est gagner en productivité et en compétitivité ; c'est aussi gagner en qualité, être plus réactif, donc mieux servir vos clients et en conquérir de nouveaux ; c'est rendre la production plus personnalisable et répondre ainsi à une tendance de marché très forte ; c'est enfin réduire les coûts et les impacts environnementaux, notamment par la réduction de consommation de matières premières et la réduction des déchets.

---

1. Ministère de l'Enseignement supérieur et de la Recherche, 2016.

 **Le saviez-vous ?**

L'Alliance industrie du futur (AIF) accompagne les entreprises vers une industrie connectée, optimisée et créative. Elle met à disposition des entreprises des outils pratiques pour intégrer les nouvelles technologies dans leurs procédés et leur organisation : référentiel, guide pratique, vidéos pédagogiques et témoignages. Les entreprises les plus innovantes peuvent être labellisées « vitrines industrie du futur[1] ».

4. L'innovation marketing et commerciale est trop souvent négligée. Elle concerne la manière dont le produit ou le service s'adresse au marché et aux clients : la marque, le positionnement marketing et la promotion ; le conditionnement, le packaging et la présentation ; les méthodes, les canaux et les formes de vente et de distribution ; le *pricing* ; le contenu, les canaux de distribution et la qualité de la relation client. L'innovation commerciale est clé en B to B (ou B to B to C) comme en B to C.

Le coach digital 

### Vous rêvez de réalité virtuelle ? C'est une bonne idée !

La réalité augmentée... cela vous paraît gadget ? C'est pourtant une arme redoutable pour déclencher une vente : la mise en situation du produit permet au client de se projeter et accélère sa décision. Des sociétés comme MiddleVR proposent des solutions ou des développements sur mesure.

Faites visiter virtuellement vos ateliers, votre showroom ou votre bureau d'études avec tous les produits que vous n'avez pas pu apporter... Proposez aussi à vos clients des solutions en réalité augmentée pour de la formation ou du support à distance.

William Porret, fondateur d'ENORA consulting

---

1. Site de l'Alliance industrie du futur : http://www.industrie-dufutur.org/

**5.** L'innovation sociale est probablement la grande aventure des prochaines décennies, tant les défis qui pèsent sur les générations futures sont immenses : elle répond à des besoins sociaux mal ou non satisfaits, généralement en direction de populations défavorisées ou vulnérables, et en intégrant des dimensions économiques, sociales, environnementales et territoriales. Elle peut aussi s'attaquer à des défis systémiques : développer une économie circulaire, par exemple. Elle cherche à impliquer les parties prenantes à toutes les étapes du projet, y compris l'évaluation des impacts, et s'attache à la juste répartition de la valeur économique produite. Elle peut être portée par tout type d'organisation, qu'il s'agisse de l'État, d'une association, d'une entreprise de l'économie sociale et solidaire (SCOP, SCIC…) ou d'une entreprise classique (SARL, SA…). Un entrepreneur, c'est aussi quelqu'un qui veut fabriquer un monde meilleur.

**6.** L'innovation de « modèle d'affaires » (ou innovation stratégique) est probablement la plus transformante puisqu'elle consiste à repenser la manière dont l'entreprise gagne de l'argent et s'organise en vue de développer des avantages concurrentiels. Selon le cabinet BCG, l'innovation de *business model* crée en moyenne quatre fois plus de valeur que les innovations de produit ou de procédé.

Cette innovation de modèle résulte d'un alignement entre votre stratégie, votre vision et les nouvelles perspectives et possibilités offertes par la technologie. C'est une nouvelle manière de mettre vos ressources au service de votre trajectoire[1].

---

1. Pour aller plus loin, voir par exemple l'approche Odyssée 3.14 qui développe des conseils pratiques pour aider les chefs d'entreprise à innover sur leur *business model* dans *(Ré)inventez votre Business Model*, Laurence Lehmann-Ortega, Hélène Musikas et Jean-Marc Schoettl, Dunod, 2ᵉ édition, 2017.

## La matrice « Business Model Canvas[1] », un bon outil pour synthétiser les éléments clés de votre *business model*

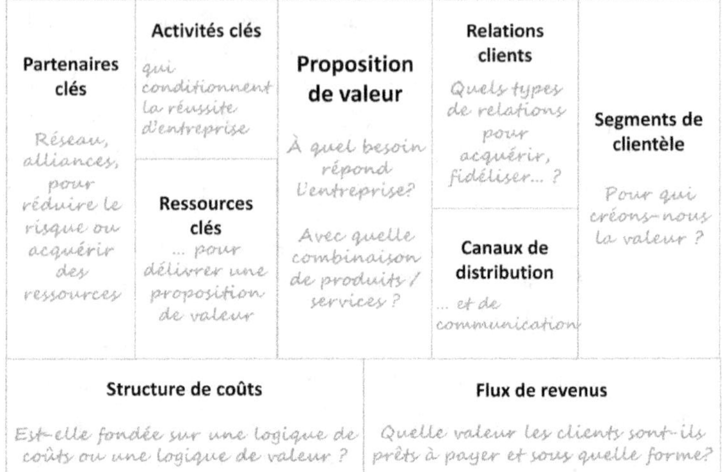


Schéma inspiré de *Business Model Nouvelle Génération*, Alexander Osterwalder, Yves Pigneur, Pearson Education, 2011. Annotations Fanny Letier

**Figure 4 – Business Model Canvas : décrivez votre *business model* en 9 questions**

Une fois votre *business model* écrit, la logique de design (levier n° 4) pourra vous aider à le faire évoluer, en mettant toujours les attentes des clients ou prospects au centre :

- Comment mieux satisfaire les besoins des clients/citoyens et réaliser leurs aspirations ?

---

1. Pour aller plus loin, dans leur ouvrage *Business Model Nouvelle Génération* (Pearson Education, 2011) Alexander Osterwalder et Yves Pigneur vous guident dans la description de votre *business model* et fournissent des exemples concrets d'innovation de *business model*.

- Comment leur en parler ? Comment avoir une place dans leur quotidien ?
- Quelle valeur le client est-il réellement prêt à payer et la proposition de l'entreprise est-elle adaptée ?

### Un entrepreneur, c'est aussi celui qui remet en cause l'ordre établi

La stratégie Océan Bleu[1] proposée par W. Chan Kim et Renée Mauborgne a donné lieu à un best-seller. L'idée principale est la suivante : au lieu de rester sur son marché traditionnel et de chercher à améliorer son modèle économique actuel, l'entreprise doit chercher à créer un marché totalement nouveau, un espace stratégique encore non exploré, grâce à une différenciation fondamentale. Elle doit donc remettre en cause la logique établie d'un secteur. Les auteurs proposent pour cela : a) une grille d'analyse qui permet d'exclure ou d'atténuer des facteurs de coûts établis, et de créer ou de renforcer des facteurs de création de valeur ; b) l'analyse des besoins des « non-clients » pour exploiter des marchés non explorés. L'innovation crée des activités n'existant actuellement pas, donc non affectées par la concurrence. La demande est créée plutôt que conquise. Pour les entreprises, c'est évidemment une opportunité de croissance rapide et importante. Lecture chaudement recommandée !

## LEVIER N° 2 : UN ÉTAT D'ESPRIT FAVORABLE À L'INNOVATION

L'innovation ne se décrète pas, elle jaillit naturellement quand l'environnement et la culture d'entreprise créent les conditions propices à l'émergence de nouvelles idées. Elle ne nécessite donc pas

---

1. W. Chan Kim, Renée Mauborgne, *Stratégie Océan Bleu : Comment créer de nouveaux espaces stratégiques*, Pearson Education, 2e édition, 2015.

d'investissements massifs, elle part de votre leadership, de votre management, de votre capital humain. L'innovation est dans les têtes, elle est poussée par une vision collective pour l'entreprise et par la passion du dirigeant et de ses équipes.

Vous ne devez garder qu'un cap, celui de la création de valeur. On ne cherche pas l'innovation pour l'innovation, pour les labels et les nombreux prix. La bonne innovation pour vous, c'est celle qui sert le sens que vous avez donné à votre vision. C'est celle qui nourrit le sens de la mission de l'entreprise. C'est celle qui accélère la mise en œuvre de votre plan stratégique et ouvre les portes de nouveaux pays, de nouveaux marchés et de nouveaux clients. Il ne s'agit pas de se disperser en mode « Géo Trouvetou » !

L'innovation est, par construction, faite d'échecs. Une entreprise innovante recherche sans cesse de meilleures réponses aux besoins de clients et d'usagers. Dans cette démarche continue, certaines idées prospèrent et génèrent de la valeur ; d'autres sont des impasses mais leur échec est riche d'enseignements. Le risque d'échec n'est pas un risque en innovation, il est une chance et une expérience. On touche ici à un phénomène culturel qui distingue si fortement la France et son modèle éducatif, et celui d'autres pays comme les États-Unis.

L'innovateur ne renonce donc pas au premier échec. En 1984, Steve Jobs expliquait pourquoi la France pouvait être n° 1 mondial et pourquoi elle n'y arriverait pas : « En France, l'échec c'est grave. Dans la Silicon Valley, on passe son temps à échouer. On se casse la figure, on se relève et on recommence. »

Cet état d'esprit doit être celui de votre Codir (*cf.* chapitre 6 « Savoir s'entourer ») car ce sont vos personnes clés pour la mise en mouvement de l'entreprise. Vous devez avoir autour de vous des leaders « horizontaux » capables de gérer en mode projet des démarches innovantes et transverses dans l'entreprise.

## Bonnes pratiques

### Évitez les pièges d'un « no go »

Comment faire pour arrêter un projet innovant sans démotiver toutes les équipes ?

> Associez toute votre équipe projet à la décision d'arrêter, mettez rapidement à l'étude des solutions alternatives, étayez la décision d'abandon en la plaçant en perspective par rapport à vos objectifs de création de valeur. Montrez ce que cette démarche vous a permis d'apprendre malgré tout.

> Acceptez vous-même l'erreur, diffusez cette attitude et formalisez un retour d'expérience pour poser les pierres de la prochaine innovation.

> Communiquez sur votre passion et votre détermination à poursuivre la démarche d'innovation permanente de l'entreprise.

Si vous souhaitez accélérer radicalement, si vos projets revêtent une importance fondamentale, des ressources humaines et budgétaires devront peut-être être dégagées mais elles devraient être limitées, identifiées et spécialisées, afin de ne pas déconnecter d'un côté les innovateurs et de l'autre les collaborateurs du quotidien.

Le but est plutôt de mettre en place dans l'entreprise une interdépendance organisée qui nourrit un esprit « commando », le sens du défi et du dépassement. Concrètement, vos pilotes projet pourront mettre en place de petites équipes agiles, avec un petit budget *team building*.

## Le coach digital

### Vous voulez favoriser l'émergence d'idées et la cocréation ?
### Faites une plateforme collaborative !

Une plateforme collaborative peut amplifier le souffle d'innovation que vous insufflerez. Les idées peuvent jaillir de tous les endroits de l'entreprise ; elles peuvent aussi passer inaperçues ou être oubliées, d'où l'importance de capitaliser sur elles progressivement, pour faciliter leur diffusion et leur mise en œuvre.

Des outils comme SeeMy ou SharePoint permettent de centraliser les idées, de les partager et de les enrichir, et de les retrouver facilement. Ces platesformes sont de plus accessibles sans être forcément sur son poste de travail. Des outils simples de sondage en ligne ou de questionnaire, comme SurveyMonkey, permettent de recueillir les avis du plus grand nombre, y compris de façon anonyme.

William Porret, fondateur d'ENORA Consulting

L'innovation peut être stimulée par un système d'incitations spécifiquement dédiées à l'innovation : elles sont exprimées non pas tant financièrement que par de la reconnaissance (mise à l'honneur par prix ou discours, promotion/changement de titre, récompense en nature).

| QUELS ACTIFS ? | QUEL ÉCOSYSTÈME ? | QUELS DÉFIS ? | |
|---|---|---|---|
| **QUELS ACTIFS VALORISER ? QUELS POINTS D'APPUI?** | **QUELLE ÉQUIPE?** | **QUELLES MOTIVATIONS ? QUELS OBJECTIFS ?** | **POUR QUELS CLIENTS** (internes ou externes) |
| *Quelles sont mes ressources clés internes / externes ? (technologies, bases clients, bases fournisseurs, canaux de distribution, savoir-faire, moyens de production ?)* | *Qui va rejoindre une équipe motivée et un peu foldingue ?* | *Quels objectifs business ? Quel impact pour l'entreprise ? Pour les Hommes ? Pour la Société ? l'Environnement ?* | *Quels problèmes à résoudre ? Quels bénéfices générés si on les résout ?* |
| | **QUELS PARTENAIRES CLÉS ?** | **QUELS RISQUES ?** | **QUELLES INSPIRATIONS ?** |
| | *Avec qui créer de la valeur? Renforcer des liens? Qui va pousser des idées?* | *Quels risques à lancer ce projet ? À ne pas le lancer ?* | *Premières pistes, exemples sur d'autres secteurs...* |
| **QU'EST-ON PRÊT À PERDRE ? COMBIEN ?** | | | |
| *Du temps, de l'argent. Fixez les limites !* | | | |

Schéma d'Emmanuel Gonon et Hervé Kleczewski, cofondateurs de WAOUP, le mouvement des empêcheurs d'innover en rond.

**Figure 5 – Les questions à se poser avant d'innover**

# LEVIER N° 3 : LE *DESIGN THINKING*

Le *design thinking* tire l'innovation dans l'entreprise en réunissant les conditions nécessaires à l'expression de la créativité, du stade de l'idée à celui de la mise en production.

**Bonnes pratiques**

### Les clés d'un atelier d'idéation efficace

> Veiller à la composition de l'équipe : diversité des profils.

> Permettre aux personnes de déconnecter pour « s'immerger » pleinement dans la problématique.

> Ne pas juger trop vite : toute idée mérite considération même si (surtout si) elle semble folle. À défaut, vos contributeurs risquent de se décourager et, plus grave, vous pourriez passer à côté d'une grande idée.

> Ne pas interrompre un contributeur : on laisse parler dans le respect de la parole de l'autre. Chacun doit s'exprimer.

> Construire sur les idées des autres : ne pas prendre la parole en commençant par « mais » ; plutôt par « et aussi ». On arrive souvent aux innovations en trouvant le moyen de construire sur les idées qui paraissent folles.

> Rester concentré sur le sujet : il est utile de désigner une personne gardienne du temps et du thème de discussion.

> Utiliser un paperboard et des post-it pour capitaliser sur le visuel.

Que pouvez-vous en attendre ? Des idées nombreuses, jusqu'à 100 idées en une heure pour une bonne session. Gardez un rythme vif et des prises de paroles spontanées.

L'un des pères du *design thinking*, Tim Brown (Stanford), le définit ainsi : « Le *design thinking* est une approche de l'innovation centrée sur l'humain qui se fonde sur la boîte à outils du designer afin d'intégrer les besoins des personnes, les possibilités technologiques et les exigences pour un succès business. »

Selon les travaux de Rolf Faste, les sept étapes du *design thinking* sont les suivantes :

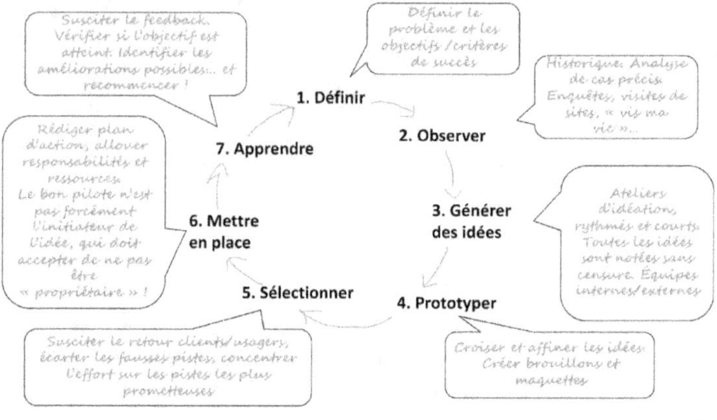


© Fanny Letier

**Figure 6 – Les sept étapes du *design thinking***

Finies les longues phases d'études, de planification, pour finir avec des projets qui sont déconnectés d'une réalité forcément nouvelle... place à l'itération. Vous vous habituerez à ce que votre projet soit constamment à plusieurs stades à la fois : conception, développement, test, lancement, exploitation, analyse.

Concrètement, qu'est-ce que cela change par rapport à une gestion de projet « classique » ?

- Décomposez le projet en petits modules avec des temps de réalisation courts, de quelques semaines au maximum.

- Donnez la priorité à la rapidité d'exécution ; ne pas hésiter à acheter des solutions qui fonctionnent plutôt que de les développer en interne.

- Expérimentez vite et tout le temps, par exemple en testant simultanément plusieurs versions d'un même produit.

- Soyez capable de « pivoter » rapidement en réponse aux retours des utilisateurs.

- Restez en alerte sur les personnes à trouver et les ressources à allouer. Elles ne sont pas toujours prévisibles *ex ante* et peuvent varier rapidement à la hausse ou à la baisse si vous restez à l'écoute et en veille.

## Le mot du coach

### Faites de l'innovation utile

La valeur de l'innovation ne se trouve pas dans les idées mais dans leur exécution et leur passage à l'échelle. L'objectif n'est pas d'innover plus mais d'innover mieux et de porter une innovation utile, qui impacte le modèle économique de ses clients et les usages des utilisateurs. Il s'agit de produire des idées neuves et de les aider à se frayer rapidement un chemin jusqu'aux prototypes puis à l'industrialisation.

Dans ce contexte, le principal enjeu pour les entrepreneurs est de réduire le coût de l'innovation, non pas en limitant l'investissement mais en se donnant la possibilité de décider rapidement si une initiative mérite un passage à l'échelle ou bien doit temporairement ou définitivement être stoppée.

Pour cela, il faut :

> Se donner un cadre : focalisez vos ambitions autour de deux ou trois grands sujets.

> Innover sous contrainte du marché : une démarche d'innovation utile est rythmée, propose des résultats mesurables régulièrement – c'est ce qui la différencie de la recherche. La réponse du marché est la seule qui vaille : cherchez des *feedbacks* rapides et n'hésitez pas à tuer des sujets.

> Limiter ses investissements unitaires au début : l'objectif est de faire émerger le plus d'idées possible autour de ces sujets, puis de faire le tri. Vous mettrez les moyens au moment de l'industrialisation.

> Partager ses investissements avec ses partenaires économiques : l'*open innovation* est non seulement fertile au plan des idées mais aussi source d'économies.

Éric Perrier, directeur général, Viseo

## LEVIER N° 4 : L'INNOVATION OUVERTE

« Ce qu'une personne réalise seule, sans être stimulée par les pensées et les expériences des autres, est dans le meilleur des cas plutôt dérisoire et monotone (Albert Einstein). »

Le terme « *open innovation* » (innovation ouverte ou partagée) a été popularisé par Henry Chesbrough, professeur à Berkeley, au début des années 2000 : il décrit l'*open innovation* comme le double mouvement par lequel une entreprise se nourrit des idées venues de l'extérieur, et comment elle rentabilise ses propres idées au sein de son écosystème par le biais de la propriété intellectuelle. Il figure son idée par l'entonnoir classique qui représentait le chemin des idées au sein de l'entreprise vers un produit. L'entonnoir de Chesbrough est troué, pour montrer que les idées de l'extérieur viennent enrichir les flux d'idées internes.

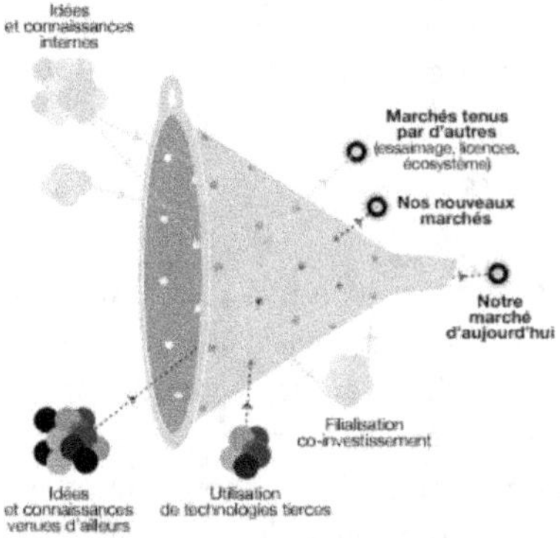


Source : Bpifrance/FING, « Innovation nouvelle génération ».

**Figure 7 – L'entonnoir de Chesbrough**

L'innovation ouverte présente deux grands avantages :

- Elle permet de réduire le *time-to-market* en mettant votre produit dès que possible au contact direct du marché ; vous créez une « traction » au sein d'une communauté croissante et « virale » d'utilisateurs/de testeurs de votre écosystème.

- Elle permet d'attirer les talents au sein de votre entreprise, non plus seulement dans une logique de salariat, mais aussi dans une logique complémentaire de plateforme de cocréation.

Avant la méthode, avant le choix des interlocuteurs, il y a une condition à la réussite de l'*open innovation* : trouver le point de convergence de l'intérêt de tous les partenaires. Ce point de convergence, c'est celui qui s'inscrit dans la chaîne de valeur de chacun.

Vous pouvez aussi participer aux démarches d'*open innovation* des autres ! Il s'agit dans ce cas de permettre à vos partenaires d'utiliser vos innovations, lorsque vous y avez intérêt, en particulier si vous pensez qu'elle sera mieux valorisée par eux et que vous pouvez en espérer des retombées commerciales.

 **Le saviez-vous ?**

La plateforme Innovation Ouverte[1] a été créée pour faciliter la mise en relation entre les grands comptes et les PME innovantes. Mise en œuvre par l'Association Pacte PME, elle permet aux entreprises de concrétiser un contact direct avec les grands comptes en présentant une compétence différenciée avant la rédaction d'un appel d'offres. La mise en relation peut s'effectuer soit en répondant à un appel à compétences, soit en transmettant une proposition spontanée.

Ouvrez la réflexion largement ! Vous pouvez innover avec :

- Vos clients finaux.
- Vos partenaires B to B, par exemple avec des donneurs d'ordre.
- Des laboratoires de recherche.
- Des start-up : vous pensez que vous n'avez rien à vous dire ? pas la même culture ? vous allez être étonné du résultat ! Pourquoi d'ailleurs ne pas en héberger dans vos locaux, afin d'être à leur contact en continu ?
- Des leaders d'opinion qui relaieront vos innovations ; ce peut être par exemple des bloggeurs mais aussi des *early adopters*, ces consommateurs qui ont l'habitude d'acheter systématiquement les nouveaux produits pour se différencier ou parce qu'ils en ressentent le besoin personnel.
- Des utilisateurs pilotes (*lead users*).

---

1. https://innovation.pactepme.org/

Un *lead user* est une personne qui va vouloir développer une solution pour répondre à son besoin spécifique. Ce besoin va ensuite se généraliser dans la société, créant ainsi un marché pour la solution développée. Le *lead user* est donc à l'avant-garde de tendances de fond de la société et peut être positionné en amont de la fameuse « courbe de Rogers » sur la diffusion de l'innovation :

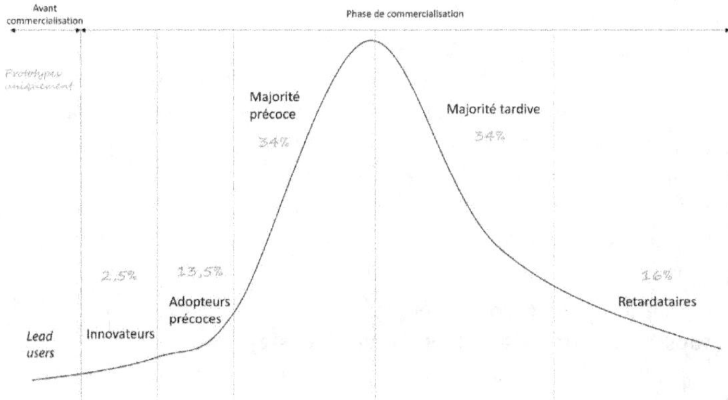


Schéma inspiré de Diffusion of Innovations, Everett Rogers, Simon & Schuster, 5th édition 2003. Adaptation Fanny Letier.

**Figure 8 – La diffusion de l'innovation sur la courbe de Rogers**

Seule précaution, mais de taille : l'*open innovation* sera un partenariat gagnant-gagnant si vous protégez vos idées. L'INPI aide les entreprises françaises à protéger et à valoriser leurs innovations[1].

---

1. Voir notamment le site www.inpi.fr mais aussi la Web App : http://commentprotegerquoi.inpi.fr/

 Parole d'entrepreneur :
Frédéric Lescure, CEO de Socomore

## Osez la collaboration avec des start-up

### Qu'est-ce que Socolabs ?

Depuis six ans, je développe une stratégie pour intégrer des start-up aux entreprises en général, et à la mienne en particulier. Il y a deux raisons à cette démarche : d'abord, j'ai été moi-même un entrepreneur en herbe et j'avais envie de renvoyer l'ascenseur en proposant un hébergement gratuit et tout équipé. La seule contrepartie, c'est de prendre le café ensemble avec les équipes de l'entreprise d'accueil. Ces échanges informels créent beaucoup de valeur et d'idées pour tous. C'est un outil très convivial pour rester alerte, oser prendre des risques et faire les choses différemment. Donc Socolabs, c'est l'endroit où les start-up seront hébergées chez Socomore. Mon ambition c'est de passer de 2 à 10 ou 15 start-up accueillies pour en faire un vrai contributeur à la stratégie.

### Quelle vision pour votre groupe sous-tend cette idée d'hébergement de start-up ?

Aujourd'hui, la création d'accélérateurs ou d'incubateurs internes est très populaire mais beaucoup sont des échecs. La réussite d'un accélérateur dépend d'une part, d'une véritable stratégie industrielle en lien avec le groupe et, d'autre part, d'une attention particulière à l'animation des start-up au quotidien, pas seulement pour l'inauguration...

Conscient de cet écueil, je travaille très en amont à une nouvelle promotion de start-up qui sera intégrée dans dix-huit mois. Nous avons d'ores et déjà choisi trois domaines : la chimie, en particulier des surfaces puisque c'est notre métier, puis tout ce qui donne de la valeur à nos produits (par exemple des drones capables de surveiller le décapage de la surface), et les innovations digitales qui améliorent la gestion et les fonctions supports de Socomore. Dans l'accueil des start-up, je veux aller encore plus loin et leur mettre à disposition des espaces de production. Il y aura une option « manufacturing » dans l'hébergement.

### Entre PME et start-up, la relation est-elle déséquilibrée ?

La réalité, c'est que j'ai davantage besoin des start-up qu'elles n'ont besoin de moi. D'abord parce que les start-uppers sont devenus exigeants et qu'ils ont accès à de plus en plus d'offres d'hébergement et de collaboration. En quelques années, j'ai vu la concurrence grandir très vite. Ensuite, comme pour toutes les entreprises, il est vital que Socomore se donne les moyens d'innover. C'est un challenge social, matériel et culturel permanent pour nous. Et notre *team* de start-uppers, c'est du vrai collagène à entreprise !

### Que diriez-vous à un patron qui hésite à lancer une collaboration avec des start-up ?

L'un des défis que partagent les PME et les ETI, c'est la quête de cette ressource rare que sont les talents. Or, une partie des talents est désormais attirée par le monde des start-up. Il nous est vital de réussir à les attirer à nous et de les faire participer à notre projet d'une manière ou d'une autre. Le taux de succès des start-up reste marginal et si vous avez bien fait votre travail, avec un peu de chance, vous arriverez à intégrer dans votre entreprise des ex-start-uppers qui ont de l'énergie à revendre.

## LEVIER N° 5 : LE RÉCIT DE L'INNOVATION (*STORYTELLING*)

Le *storytelling* donne un visage, une forme au futur. Il a été popularisé par Barack Obama quand il racontait l'histoire de ces Américains qui affrontaient la misère, plutôt que de parler du chômage. Nous savons tous raconter des histoires, nous le faisons en permanence. Nous employons alors un langage imagé, visuel, haut en couleur. Barack Obama faisait la distinction entre « ce qui est » et « ce qui devrait être ». C'est possible pour vous aussi, pour votre entreprise et pour votre innovation. Racontez pourquoi vous innovez, quelle histoire cela sous-tend, quel idéal cela appelle, racontez les bénéfices possibles grâce à cette innovation.

## Le mot du coach 

### L'innovation a plus besoin d'un mode d'envie que d'un mode d'emploi

La faculté d'innovation semble s'émousser dans les PME quand elles grandissent. Elles se structurent comme une grande et, petit à petit, s'engourdissent. Et bien souvent elles ne s'en rendent pas compte. Les équipes ont grossi, les process se sont posés, les interfaces se sont dressées comme des murs devenus infranchissables... et personne n'ose remettre en cause la situation. On observe alors un plafonnement de la croissance et la résurgence des vieux réflexes d'optimisation pour rationaliser ce qu'on a eu du mal à mettre en place...

Alors comment réveiller cet instinct primitif qui a poussé les plus audacieux à entreprendre ? Souvenons-nous de ce passé qui allait « plus vite » : autrefois les équipes étaient agiles, de quelques idées elles créaient des produits et des services qu'il suffisait de tester avec quelques premiers clients... Toutes les équipes étaient embarquées dans l'aventure.

Et s'il ne s'agissait que de mettre au goût du jour une vieille recette pour se réinventer, pour doubler le CA en imaginant et en testant de nouveaux relais de croissance, aux limites de nos terrains quotidiens, en chahutant notre modèle économique pour capter plus de valeur, en collaborant autrement avec notre écosystème...

Pour (res)susciter l'envie d'innover, il faut oser formuler des défis impossibles à relever, qui pousseront les équipes à se surpasser, et qui puiseront du sens dans ces défis et assumeront l'incertain. Ces défis doivent répondre à des problèmes rencontrés par les clients et s'appuyer sur les actifs de l'entreprise et de ses partenaires (technologies, bases clients, bases fournisseurs, canaux de distribution, savoir-faire, moyens de production...) pour ne pas être hors-sol.

Plus on est de fous, plus on rit... et plus on est forts pour relever ces défis. L'entreprise doit s'ouvrir et oser assembler un écosystème d'acteurs (internes ET externes) pour élargir le champ des possibles, et le mettre dans des conditions favorables pour libérer les énergies. Par exemple, dans des formats de marathons d'innovation sur des plages de 24 à 48 heures.

Innover c'est risqué, mais ça peut rapporter gros. Il faut donc trouver des voies pour réduire les risques et le coût de l'échec, en expérimentant de manière frugale et agile les nouveaux concepts, en mettant la charrue avant les bœufs (par exemple en prévendant les nouvelles offres avant de les avoir développées), et en s'appuyant sur l'écosystème pour les faire rapidement décoller.

Ce menu assemble plusieurs méthodes connues : un zeste de *design thinking* pour repartir du marché et construire des concepts désirables, rentables et faisables. Un brin de *business model innovation* pour capter plus de valeur. Une pincée de *Lean* pour rester pragmatique et pivoter quand c'est nécessaire.

Mais n'oubliez pas le secret du chef qui fait la différence : libérer les énergies, transmettre l'envie de sans cesse recommencer, proposer des défis pleins de sens et de challenge.

L'innovation a plus besoin d'un mode d'envie que d'un mode d'emploi.

Emmanuel Gonon et Hervé Kleczewski, cofondateurs de WAOUP,<br>le mouvement des empêcheurs d'innover en rond

Votre *storytelling* permet de raconter la mission que se donne l'entreprise, et en particulier les bénéfices que peuvent en attendre les clients. Vous racontez une histoire dont vos cibles sont les héros. Pourquoi est-ce utile ? Lorsque vous créez quelque chose de nouveau, que vous bousculez l'existant, que vous combinez les choses de manière inhabituelle, votre proposition peut être difficile à imaginer pour vos interlocuteurs, voire susciter des incompréhensions ou des résistances. Une présentation trop abstraite ne touche pas assez vos interlocuteurs pour attirer leur intérêt ; elle peut créer un doute sur le réalisme de votre proposition. Lorsqu'il est véhiculé par une histoire, vous captez l'attention ; le message est plus fluide, plus incarné et plus mémorable. Soyez le plus concret possible : racontez des situations, montrez des objets et des images, avancez des chiffres précis.

L'innovation est désormais une composante de l'attractivité d'une entreprise, racontez votre version de l'histoire. Vous serez surpris de voir combien votre écosystème a envie de l'entendre ! Attention, ce *storytelling* de votre innovation ne doit pas être surjoué ; c'est aussi le récit de votre entreprise qui doit être en résonance. Il s'articule et s'insère dans votre ADN, il fait le lien entre l'existant et l'avenir, le sens de la mission. C'est votre mouvement vers la croissance qui est raconté.

Et si vos innovations, c'était vos clients, vos actionnaires ou vos collaborateurs qui en parlaient le mieux ?

## Le coach « Impact Positif » 

78 % des leaders d'opinion européens pensent désormais que les produits responsables doivent être proposés à la place des produits conventionnels, et non pas en complément. Ce mouvement vers ce que les Anglo-Saxons nomment « *choice editing* » est déterminant et fait converger innovation et développement durable. Au-delà des pionniers comme Patagonia (vêtements de sport *outdoor*), Botanic (jardineries) ou Interface (dalles de moquette de bureau), de grands groupes aussi divers que Marks & Spencer, Starbucks, Nike, Ikea, L'Oréal ou Philips se distinguent désormais par un engagement à transformer, avec le développement durable, la majorité ou l'intégralité de leur offre d'ici à quelques années.

Réfléchissez à la façon dont le développement durable pourrait, pour vos activités aussi, servir de levier d'innovation. Prenez le temps d'aller en parler avec vos clients, vous serez surpris de voir combien le sujet les intéresse et converge avec des enjeux *business* (économies, écoefficacité, résilience, différenciation, fidélisation...). Entamez aussi un dialogue avec vos autres parties prenantes (ONG environnementales, ADEME, experts, think-tanks, associations professionnelles, salariés, fournisseurs, etc.) pour vous aider à identifier les pistes d'innovation prioritaires et, ainsi, construire une démarche pertinente et crédible. Vous pouvez aussi les associer à votre démarche d'innovation *via* des séances spécifiques de cocréation (voir par exemple le jeu IdeaMaker Innovation Positive développé par Utopies et Nod-A pour animer de telles séances) ou des plateformes Web dédiées – comme My Starbucks-Idea du géant mondial du café ou la R&D collaborative en ligne de la PME grenobloise Raidlight (preuve que cette approche fonctionne pour toutes les tailles d'entreprise !).

Élisabeth Laville, fondatrice du cabinet spécialisé Utopies

# CARNET DE ROUTE

## Innovation

Prenez quelques minutes pour vous demander ce que vous appliquez déjà dans votre entreprise, ce que vous pourriez développer ou mettre en place. Peut-être d'ailleurs pouvez-vous avoir cette discussion avec votre Codir ? Pensez à faire votre autodiagnostic en ligne[1]. Puis organisez-vous pour activer ce levier de croissance !

### Points forts

Pour vous aider à compléter cette rubrique, pensez à vos plus grandes innovations : comment ont-elles vu le jour ?

........................................................................................................

........................................................................................................

........................................................................................................

........................................................................................................

........................................................................................................

........................................................................................................

### Axes de progrès

Pour vous aider à compléter cette rubrique, pensez à vos plus grands flops : pourquoi l'innovation n'a-t-elle rien donné ? Qu'en avez-vous tiré comme leçon ?

........................................................................................................

........................................................................................................

........................................................................................................

---

1. www.carnetdecroissance.fr

.............................................................................................

.............................................................................................

.............................................................................................

## Décision

Par quoi commence-t-on ? Quel verrou à la croissance fait-on sauter ?

.............................................................................................

.............................................................................................

.............................................................................................

.............................................................................................

.............................................................................................

.............................................................................................

## Objectif

S'il est organisationnel et culturel, parlez-en abondamment en Codir et avec votre écosystème, pour avoir un regard partagé sur l'état des lieux et l'objectif. S'il est stratégique, pensez au client avant de le définir ! Quel espace de marché pourriez-vous conquérir ? Choisissez 1 à 3 indicateurs clés de succès – pas plus.

.............................................................................................

.............................................................................................

.............................................................................................

.............................................................................................

.............................................................................................

## Calendrier/Rétroplanning

Date de lancement ; date pour atteinte des objectifs. N'hésitez pas à caler des dates intermédiaires/points de rendez-vous.

......................................................................................

......................................................................................

......................................................................................

......................................................................................

......................................................................................

## Responsable du projet

Qui est votre haut potentiel/personne clé sur ce levier ? Qui est votre agent du changement qui va embarquer toutes les équipes dans la dynamique ?

......................................................................................

......................................................................................

......................................................................................

......................................................................................

......................................................................................

## Contributeurs internes

Ayez les compétences les plus diverses possible dans votre équipe projet « commando » : tous âges, toutes catégories socioprofessionnelles, et bien évidemment la mixité, facteur de créativité et de performance.

......................................................................................

......................................................................................

......................................................................................

..................................................................................

..................................................................................

## Contributeurs externes

Êtes-vous prêt pour l'innovation ouverte ? Avez-vous des *lead users* dans votre environnement ? Prenez le temps de construire soigneusement votre écosystème innovant.

..................................................................................

..................................................................................

..................................................................................

..................................................................................

..................................................................................

## Votre *storytelling*

Quelle histoire pourriez-vous raconter sur votre entreprise et son rapport à l'innovation ? Ou plus précisément sur une innovation remarquable de votre entreprise ?

..................................................................................

..................................................................................

..................................................................................

..................................................................................

**C'est parti ! Vous avez activé un levier de croissance.**

**Vous pouvez passer au suivant !**

# CHAPITRE 3
# LE DÉVELOPPEMENT INTERNATIONAL

## PRÊT À RECRÉER UNE ENTREPRISE ?

*« Penser international, penser futur, penser avant les autres. Et agir de même. »*

Robert Maxwell, magnat de presse britannique (1923-1991)

*« Connais ton ennemi et connais-toi toi-même :*
*eussiez-vous cent guerres à soutenir, cent fois vous serez victorieux. »*

Sun Tzu, philosophe chinois, $VI^e$ siècle avant J.-C.

Une autre langue, un univers juridique radicalement différent, des réseaux inconnus et une distance géographique des marchés et du management… Partir à l'international, c'est d'abord un choc culturel et la crainte de perdre le contrôle. Ces freins vous retiennent peut-être de planter le drapeau français à l'étranger et de faire rayonner votre savoir-faire.

Si vous n'avez pas encore mis un produit hors de nos frontières, si vous n'exportez que dans un seul pays d'Europe, si vos équipes sont franco-françaises, vous sous-estimez l'optimisme et le regain de confiance qu'expriment les patrons de PME qui jouent la carte de l'international. La France est trop petite pour vous et peut-être que vous ne le savez pas encore.

Doubler de taille, c'est considérer que la France est un pays comme un autre et que le terrain de jeu naturel de votre entreprise ce n'est pas seulement l'Europe mais aussi d'autres continents.

**Quelques repères**

- La France compte 124 000 entreprises exportatrices[1], pour un volume d'affaires de 473 milliards d'euros, contre 350 000 entreprises exportatrices en Allemagne et 200 000 en Italie.
- L'Union européenne est la première destination à l'export (274 milliards en 2017, dont Allemagne 68 milliards, Italie et Espagne 35 milliards, Royaume-Uni 31 milliards) ; les exportations vers les pays tiers représentaient 190 milliards en 2017 dont Asie 65 milliards, Amérique 50 milliards, Europe hors UE 33 milliards, Afrique 25 milliards, Moyen et Proche-Orient 15 milliards.
- Les ETI sont des locomotives de l'export : elles représentent 4 % des exportateurs mais 35 % des montants exportés. Les PME et les micro-entreprises représentent 95 % des entreprises exportatrices, mais seulement 13 % des exportations.
- Les PME exportatrices commercialisent leurs biens et services vers six à sept pays en moyenne. Un quart d'entre elles restent en revanche mono pays.
- Il ne suffit pas d'aller à l'export ; il faut y rester. Seulement 40 % des primo exportateurs exportent à nouveau l'année suivante.
- Les entreprises exportatrices sont plus innovantes que les autres – et la compétition internationale les pousse à le rester. À secteur et taille identiques, les entreprises exportatrices innovent 2,5 fois plus souvent que les autres.

1. Le chiffre du commerce extérieur, 2016 – Douanes et droits indirects : http://lekiosque.finances.gouv.fr

- L'international ça commence en France en mettant les bouchées doubles sur l'innovation et la compétitivité hors coût. Les produits français sont vendus au prix du haut de gamme mais perçus comme des produits moyenne gamme. Vous devez déformer cette perception en innovant dans vos produits ou services, dans vos procédés de production et... dans vos approches marketing : donnez à voir votre histoire, vos savoir-faire, vos valeurs.

- L'international est un projet collectif. Toute l'entreprise est concernée, du dirigeant au commercial, en passant par le directeur administratif et financier (DAF), le directeur technique, le responsable RH... Il va falloir les impliquer. Qui parle anglais ?

- Pour générer des courants d'affaires pérennes, il faut de la méthode et de la patience. Tout est différent : les préférences des consommateurs, la structure de marché, les canaux de distribution, la langue et la culture... Pour durer, il s'agit au fond de créer, dans chaque pays, l'équivalent d'une nouvelle entreprise. Cela veut dire une stratégie d'investissement à long terme dans quelques pays bien choisis... qui pourra être combinée avec des « gains rapides » et opportunistes.

- D'une logique d'export, on passe de plus en plus à une logique d'internationalisation : s'internationaliser c'est passer d'une logique de flux export, d'un point A à un point B, à une logique d'implantation qui permet de maîtriser son développement et de l'accélérer grâce à une plus grande proximité avec le client en offrant un visage local et en lui simplifiant la vie.

- Posez-vous à l'international les mêmes questions qu'en France, en particulier sur votre pitch et votre différenciation, mais aussi sur l'analyse de la concurrence et vos partenaires éventuels. Trop d'entreprises accordent leur confiance au premier venu, alors qu'en France elles auraient passé le partenaire au crible. Faites vos *due diligences* !

- Aller à l'international vous rapportera plus que du chiffre d'affaires. Cela vous donnera un regard neuf sur votre entreprise. Évoluer dans un univers international peut vous inspirer pour innover dans votre *business model*, développer de nouvelles approches du marché et anticiper l'évolution de la concurrence. Cela vous aidera enfin à doper votre marque employeur et attirer des talents intéressés par les mobilités à l'étranger.

# ◼ ⚒ VOS LEVIERS

## LEVIER N° 1 : UNE STRATÉGIE D'INTERNATIONALISATION

L'international est une réponse tactique à un enjeu stratégique. Il y a plusieurs bonnes raisons de penser à l'international :

- suivre un ou plusieurs clients à l'étranger ;
- trouver de nouveaux relais de croissance, en particulier si le marché français se révèle trop petit ou saturé dans votre activité ;
- améliorer votre profitabilité (effet volume ou recherche de meilleures marges) ;
- vendre votre innovation et amortir les investissements de R&D ;
- rallonger le cycle de vie de vos produits en allant dans les pays émergents par exemple ;
- réduire votre dépendance à l'activité économique d'un seul pays ;
- surmonter une urgence ou une difficulté sur le marché domestique.

Seulement après cette brique stratégique viennent les questions concrètes : quel produit exporter ? Comment s'y prendre ? Quel budget allouer ? Quel pays choisir ? Qui va l'acheter ? Qui va le vendre ? Quel retour sur investissement en attendre ?

 ## Parole d'entrepreneur :
## Pierre-Jean Leduc, Dedienne Multiplasturgy Group

### Vous avez acheté une entreprise américaine, Met2Plastic, quelles sont les clés de l'acquisition à l'international ?

Mener une réflexion stratégique autour de la croissance externe et de l'internationalisation ! Dans le cas de Met2Plastic, nous avons fait le constat que Dedienne fournissait aux équipementiers aéronautiques en France et en Europe et que nos produits finissaient pour la plupart dans des Airbus, très rarement dans des Boeing. Nous n'étions pas compétitifs par rapport à nos concurrents de la zone dollar. Notre stratégie a été d'acheter une entreprise dans la zone naturelle de Boeing, les États-Unis. L'autre raison, c'est que la monnaie du secteur de l'aéronautique est le dollar. On peut donc fabriquer en France et vendre en zone euro, mais on est payé en dollars. Ce non-sens, qui démontre l'incapacité de l'Europe à imposer à Airbus de vendre ses avions en euros, pénalise les fournisseurs européens face aux Américains. Cette acquisition nous a permis de limiter le risque de change.

[...] Il faut savoir s'entourer de cabinets de M&A (fusions-acquisitions) et de *due diligence* d'un côté. De l'autre, parce que c'est stratégique, une acquisition requiert une implication très forte du dirigeant. Ce serait une erreur de sous-traiter à une personne de votre équipe et de sous-estimer le temps nécessaire. [...] Avant de conclure le *deal* avec Met2Plastic, je me suis personnellement rendu seize fois aux États-Unis pour identifier des cibles potentielles, dénicher la bonne entreprise, convaincre le cédant du bien-fondé de l'opération et la finaliser.

### Un autre conseil ?

*International first*! Même avant la France. [...] Si l'on peut vendre en France, on peut vendre partout. [...] Surtout, l'international permet de relativiser votre marché, votre pays et vos problèmes du quotidien. C'est un facteur d'oxygénation et de prise de recul. L'international ouvre vos horizons, et c'est précisément ce dont a besoin un chef d'entreprise !

# LEVIER N° 2 : LE PLAN DE BATAILLE

Vous pouvez partir à l'aventure, en fonction de l'image que vous vous faites d'un pays, en fonction d'une opportunité qui vous tombe dessus ou d'une rencontre… Mais pourquoi ne miser que sur la chance quand on peut réduire l'incertitude soi-même et forcer la réussite ? Il s'agit de prioriser quelques marchés, de les travailler à fond et de bien évaluer le temps nécessaire pour réussir.

## Organiser la prise d'informations sur les pays cibles

Votre responsable marketing occupe un rôle essentiel dans cette phase : il lui faut aboutir rapidement à une segmentation des cibles de premier niveau. Pour l'y aider :

- Analysez les données : pour chaque pays, il s'agit d'analyser la facilité (ou les difficultés) d'accès, la taille de marché, les clients potentiels, le chiffre d'affaires moyen et l'intensité concurrentielle, ainsi que la pertinence de votre offre.

**Bonnes pratiques** 

**Utiliser plusieurs sources d'information pour le travail préparatoire**

- Informations sur le contexte politique et macroéconomique[1].
- Bases de données et notamment *Market access database from EC and Business France*[2], Europages[3], Kompass, SNL Kagan, BMI Research, Dataxis…
- Bases d'articles (Factiva, notamment pour vous renseigner sur un partenaire/client) et fil de presse actualisé (Google Alerts par exemple).
- Chambres de commerce françaises à l'étranger[4].

---

1. diplomatie.gouv.fr ; the world factbook – un site de la CIA : https://www.cia.gov/library/publications/the-world-factbook/geos/uk.html
2. http://madb.europa.eu/madb/indexPubli.htm
3. https://www.europages.fr
4. http://www.ccifrance-international.org/

- Approfondissez les enseignements des études sectorielles : tendances du marché, produits de substitution, prix moyens, modes de distribution… Votre produit est-il attendu ? Doit-il être adapté ?

- Analysez le cadre réglementaire et ses implications pour l'entreprise et/ou le produit.

- Identifiez les *mix marketing* possibles et les partenaires potentiels sur votre chaîne de valeur. Y a-t-il des possibilités de ventes ou de référencements croisés ?

## Réaliser un SWOT

Lorsque vous aurez ciblé les pays qui vous paraissent les plus pertinents, réalisez un SWOT[1] de votre activité export et déclinez-le pour chaque pays cible, afin de prioriser vos objectifs. En particulier :

- dressez une liste de risques potentiels et listez les actions préventives possibles ;

- cartographiez les points d'appui locaux ;

- aidez vos équipes marketing à éliminer les cibles non prioritaires ;

- allez sur le terrain le plus tôt possible pour confirmer/infirmer ces analyses.

## Appliquer une politique de différenciation pays

Pour chaque pays, il vous faut envisager les modalités les plus adaptées, et les éventuelles évolutions de votre *business model*. Par exemple (et sans que cela vous dispense d'une analyse plus fine !) :

- si, sur votre marché cible, les clients sont concentrés, il peut être pertinent de conserver une force de vente propre et de créer une filiale de commercialisation ;

---

1. Strengths (forces), Weaknesses (faiblesses), Opportunities (opportunités), Threats (menaces).

- si, au contraire, vos clients sont atomisés sur un territoire étranger, voire à l'échelle d'un continent, il peut être préférable d'avoir recours à un mandataire ou distributeur – en vous entourant toutefois d'un bon conseil juridique ;

- si votre stratégie est ambitieuse, et les structures de marché bien établies, une joint-venture (avec la problématique éventuelle du transfert de technologie) ou une opération de croissance externe peut être plus pertinente.

### Parole d'entrepreneur :
### Kaci Kebaïli, président de BBL Transport

**Pour BBL Transport, le terrain de jeu est à l'échelle européenne**

Ma vision aujourd'hui, c'est qu'il faut verrouiller la chaîne de valeur : être présent à ses deux extrémités. Du côté français, à l'endroit de départ des marchandises, mais aussi en Pologne, en Turquie ou en Russie, là où la marchandise arrive. Si l'on est capable de dire à nos clients : « C'est la même entreprise avec la même qualité au départ et à l'arrivée », alors on les rassure et on garantit la sécurité du service. Incidemment, on fait en sorte de capter la totalité de la chaîne de valeur et de ne pas la céder à nos confrères étrangers...

**Les moyens pour y arriver ?**

L'entreprise est un avion avec deux moteurs différents : la croissance organique et la croissance externe.

La croissance organique, c'est la plus belle forme de croissance parce qu'elle valide la pertinence de l'offre sur un marché donné, elle prouve qu'on répond vraiment à un besoin. Les huit premières années, nous avons fait 30 % de croissance organique par an.

L'autre moteur, c'est celui de la croissance externe. Les entreprises sont des êtres vivants qui ont un cycle de vie, de la naissance à la transmission. Elles ont besoin d'un continuateur. Nous avons racheté 14 sociétés. La première était à Lyon ; elle nous a permis d'aller beaucoup plus vite, de reprendre un très beau portefeuille de clients dans une région qui est le deuxième moteur économique en France.

## Quel argument pour ceux qui hésitent à avoir recours à la croissance externe ?

Il est indispensable d'établir, de travailler à construire un puissant *intuitu personae* avec le cédant. Ma seule condition a toujours été de m'assurer que le cédant était intègre, j'entends par là qu'il soit profondément animé par l'envie d'assurer la pérennité de l'entreprise.

Si l'on surpaie une cible, on finit toujours par en subir les conséquences et détruire de la valeur. Une acquisition doit absolument s'inscrire dans une véritable logique industrielle. On doit pouvoir dégager des économies d'échelle en mutualisant le *back-office*, dans l'exploitation ou la force commerciale grâce au *cross-selling*. L'acquisition de savoir-faire et de compétences complémentaires vous aidera à croître plus vite.

En revanche, alors que nous sommes un organisateur international de transports, c'est-à-dire *asset light*, on nous propose souvent de racheter des transporteurs qui possèdent des camions et emploient des chauffeurs. C'est le parfait exemple de la fausse opportunité. Elle paraît proche de notre métier, mais elle exige en réalité des compétences très différentes (gérer l'approvisionnement en gasoil, l'investissement en véhicules, faire face à des accidents, etc.) qui ne présentent pas de synergies avec notre activité actuelle.

Enfin, il faut viser un financement équilibré entre *equity*, dette et trésorerie disponible. Pour réaliser nos acquisitions, nous avons choisi de renforcer nos fonds propres pour conserver un équilibre du financement.

J'ai récemment trouvé des solutions à un défi qui me freinait : les compétences. J'ai engagé un directeur général délégué et un directeur financier. Je crois au nivellement par le haut, en particulier des compétences. Je veux embaucher des gens qui sont meilleurs que moi sur chacun des sujets et je veux qu'ils aient la foi, qu'ils soient passionnés par leur mission.

## Les dernières actions

Anticipez les interactions avec votre modèle économique en France :
y a-t-il un risque de cannibalisation ?

Toutes les intuitions doivent être vérifiées. Quels que soient le pays
et les objectifs, procédez avec méthode et ne transférez pas vos éventuels *a priori* à l'équipe.

Enfin confrontez ce diagnostic externe à un diagnostic interne
de l'entreprise : êtes-vous organisé pour conquérir ce marché (*cf.*
infra) ?

## Le mot du coach 

### Les clés pour réussir en Allemagne

### Marché export le plus important pour la France

L'Allemagne est incontournable pour tout entrepreneur français qui s'engage
dans un plan de croissance par l'international. Avec plus de 82 millions de
consommateurs et un taux de chômage de 5,7 %, l'Allemagne représente
un potentiel commercial fabuleux, tant en direct que par « effet ricochet »
du fait de sa dynamique internationale.

### Marché mature et très intégré,
### il n'est cependant pas facile d'abord

Percer en Allemagne relève d'une décision stratégique finement élaborée
et inscrite dans la durée. Dans un pays empreint de continuité et de pru-
dence, obsédé par les processus organisationnels et habitué à inscrire la
relation client-fournisseur dans une logique partenariale, il est primordial de
« gagner la confiance » et de la conserver. Cela passe par la démonstration
d'une expertise, un positionnement clair, une réelle endurance durant les
phases de test, une grande réactivité et le sens du service client y compris,
voire surtout, dans la gestion des difficultés.

## L'implantation locale est l'un des meilleurs « boosters » sur le marché allemand

Témoignage explicite d'une inscription dans la durée, elle permet en outre de bénéficier du contexte propice aux affaires qui a permis l'émergence et la pérennité du fameux *Mittelstand*. Indépendance capitalistique et stratégique, fiscalité proentreprise, modération des charges sociales, système bancaire décentralisé, proximité de la formation professionnelle et de l'apprentissage, coopération avec les universités, les instituts de recherche et l'administration, conscience de la responsabilité sociale de l'entrepreneur, attachement territorial et relations sociales constructives ont largement contribué au succès de ce qui est plus perçu en Allemagne comme un état d'esprit que comme une catégorie d'entreprises.

Des complémentarités fabuleuses existent entre la France et l'Allemagne ; la conjugaison des excellences et des talents de part et d'autre du Rhin constitue un formidable accélérateur de croissance.

### Pour réussir, trois conseils pratiques

> Centrer le discours sur une spécialité : les Allemands recherchent des excellences et n'apprécient guère les touche-à-tout.

> Investir en marketing « germanique » : documentations de qualité et site Web détaillé, communiqués *on* et *off line*, interventions d'experts et networking dans les colloques et forums spécialisés, adhésion aux fédérations professionnelles et clusters, présence continue dans les salons, coopération avec les écosystèmes R&D et universitaires...

> Soigner le ciblage en sélectionnant les prospects par analogie avec des références existantes ; développer des argumentaires adaptés à chaque cible et aller au bout des contacts sans se disperser : les Allemands ne sont pas des *early adopters* et les processus d'intégration d'un nouveau partenaire sont longs, en contrepartie d'une certaine fidélité par la suite.

Frédéric Berner, directeur général de la chambre de commerce<br>et d'industrie française en Allemagne

# LEVIER N° 3 : LA MOBILISATION INTERNE DE TOUTE L'ENTREPRISE

L'internationalisation, ce n'est pas qu'un défi commercial. C'est un défi humain et organisationnel. Préparez-vous à challenger toute votre équipe ! Vous aurez des décisions fortes à prendre – et à co-élaborer – pour ne pas dévier de votre axe stratégique, rester ancré dans votre mission, votre vision et vos valeurs. Et tout cela nécessitera d'adapter en permanence vos processus internes. Organisez-vous !

## Constituer un groupe de travail autonome affecté à la mission export

- Créez un groupe multidisciplinaire, associant différents métiers de l'entreprise.

- Donnez vos contraintes dès le départ (délais à respecter).

- Affectez-lui un budget, notamment pour les déplacements et les achats de données.

- Travaillez en agile (points hebdomadaires et ajustements en autonomie, points réguliers en Codir pour validations intermédiaires et rappel des contraintes).

- Donnez le pouvoir à vos équipes de penser hors du cadre.

Ce groupe devra notamment se pencher sur :

- L'organisation et les ressources humaines : êtes-vous équipé en interne pour lancer la conquête ? Avez-vous des équipes internationales ? Des natifs du pays ? Quelles personnes pourraient partir en éclaireurs ? Et combien de temps allez-vous y passer vous-même ? Qui gérera la France si vous devez multiplier les déplacements ? Votre processus de délégation dans les prises de décision est-il suffisant ? Quels défis nouveaux peuvent poser le management d'une force de vente à l'international ?

- Le budget : quels moyens financiers en face de chaque objectif stratégique export ?

- La culture d'entreprise : la conquête de l'international est-elle déjà dans l'ADN de l'entreprise ? Le multiculturalisme sera-t-il un obstacle ou un acquis ? Combien de personnes parlent anglais… ou sont prêtes à prendre des cours ?

- Le pilotage : c'est le moment de challenger les objectifs chiffrés et le calendrier. Quels sont les bons indicateurs ? À quelle périodicité et comment allez-vous les évaluer ? Qui sera l'équipe ou le responsable en charge du pilotage, du reporting et des ajustements à vos côtés ?

### *Quid* d'un éventuel processus de recrutement ?

Vous avez peut-être besoin de recruter ? Bonne nouvelle, s'internationaliser aide à recruter des talents. Vous pourrez attirer des profils nouveaux, qui recherchent des possibilités d'évolution à l'étranger. Et l'internationalisation progressive de vos équipes accélérera votre développement.

 **Le saviez-vous ?**

Pour explorer un nouveau marché ou renforcer vos équipes à l'étranger, le VIE peut être un outil intéressant. Il permet aux entreprises d'envoyer un jeune professionnel à l'étranger. 2 000 à 3 000 jeunes Français tentent chaque année l'expérience. Près des deux tiers des entreprises d'accueil sont des PME. Le coût est généralement de 1 500 à 3 000 euros par mois suivant les pays. Les régions peuvent en financer jusqu'à 50 % et ces dépenses sont éligibles à l'assurance prospection également. Le site de Business France[1] permet de simuler le coût pour votre entreprise et informe sur les aides et l'accompagnement possibles pour leur installation.

---

1. http://export.businessfrance.fr/formule-vie/vie-en-bref.html

## LEVIER N° 4 : UNE EXÉCUTION SANS FAILLE

L'exécution requiert une attention ou une implication particulière du dirigeant. Chaque détail compte ; vos collaborateurs peuvent se laisser gagner par l'enthousiasme ; vos partenaires peuvent vouloir accélérer ou freiner le calendrier. À vous de faire preuve de leadership !

### Se donner les moyens de booster le commercial, à travers un plan de déploiement rigoureusement orchestré

- Ne sautez pas la case « intelligence économique ». Elle est un préalable pour affiner votre démarche commerciale et la pertinence de votre offre (*cf.* chapitre 1 « La performance commerciale »).

- Prévoyez un plan marketing par pays et par cible : chaque cible doit se sentir concernée. Mettez en place un CRM (gestion de la relation client) spécifique : cela vous sera utile si les commerciaux sont volatils. Enregistrez tous vos contacts, les événements clés, les contrats et les décideurs, et établissez des indicateurs de suivi.

- Adaptez vos processus opérationnels par pays (par exemple la logistique et le service après-vente).

- Soignez vos supports de vente : ils doivent tous être disponibles dans la langue du pays et relus par un bon traducteur. Relayez votre *storytelling* et illustrez votre valeur ajoutée et votre différence sur le marché local. Adaptez vos supports au fur et à mesure des remontées terrain, et formez vos forces de vente pour qu'elles passent les bons messages !

## « Mobile first » doit être votre réflexe !

L'international impose un accès aux données (sauf les plus confidentielles bien sûr) de votre entreprise de partout, y compris de zones avec peu (voire pas) de connexion, et sur tout type de terminal. Cela suppose un affichage qui s'adapte au format d'écran utilisé et au débit de communication. E-mails, contacts, accès aux *workflows*, au *reporting* et à certains logiciels et documents devront être pensés « responsive ».

Le mobile, c'est aussi un nouveau levier d'optimisation des ventes. Pour vos forces commerciales, pensez au « mode déconnecté » qui leur permettra de travailler sur une copie des données depuis leur smartphone, tablette ou portable, qui seront synchronisés avec le CRM quand l'appareil sera de nouveau connecté au réseau.

William Porret, fondateur d'ENORA consulting

- Montrez que le *top management* est impliqué : participez aux réunions stratégiques et créez vos propres réseaux : rencontrez vos *alter ego* lors des événements, créez des relations directes avec les CEO de vos clients.

- Recrutez des locaux : les natifs vont vous aider à appréhender les spécificités interculturelles, à capter les subtilités de la langue. Outre le VIE et le recrutement local (pourquoi pas en temps partagé ?), vous pouvez faire appel à des structures de portage salarial.

- Créez votre propre réseau d'influence et un écosystème spécifique par région : soyez proactif avec les partenaires potentiels, dites-leur que vous êtes là pour longtemps. Réfléchissez à des recommandations croisées et des offres conjointes avec d'autres acteurs français ou étrangers présents sur le territoire.

- Communiquez : le silence peut vous desservir commercialement ou, pire, être interprété comme une volonté de secret…

  › Veillez à la qualité de votre site Internet et de vos pages LinkedIn qui doivent être dans un anglais parfait, voire multilingues ; utilisez les outils analytiques pour comprendre ce que les visiteurs font sur votre site.

  › Donnez à voir votre participation à des salons, les partenariats commerciaux, les nouveaux contrats signés, les contrats renouvelés, les annonces que vous faites à destination de la presse.

### Le coach digital

**Un site institutionnel unique ou des sites pour chaque pays ?**

Plus besoin de choisir ! Pour bénéficier des deux avantages, pensez l'architecture de vos sites à partir d'un site institutionnel unique qui va fédérer le trafic. Il permettra de mettre à jour vos autres sites sur lesquels vos clients trouveront leur espace dédié, d'où qu'ils viennent et quelle que soit leur langue. Cerise sur le gâteau : les renvois de site à site augmenteront votre référencement naturel sur Google. Une astuce : jouez le jeu du référencement local pour vos sites pays en les déposant chez un hébergeur local avec l'extension du pays cible.

Et c'est simple ! De nombreuses solutions existent pour gérer plusieurs sites en même temps, que ce soient des plugins pour WordPress (comme ManageWP), ou des plateformes multisites comme Drupal ou Joomla !

William Porret, fondateur d'ENORA consulting

## Soigner les aspects juridiques et financiers

- Pensez dès les premiers jours à la propriété intellectuelle et faites-vous aider en amont pour la relecture ou la rédaction de vos contrats. S'agissant de votre marque, il vous faut passer par le système d'enregistrement international des marques, appelé « système de Madrid ». *Via* l'Institut national de la propriété industrielle (INPI) en France, vous pouvez demander une protection de votre marque dans un ou plusieurs pays auprès de l'Organisation mondiale de la propriété intellectuelle (OMPI).

 **Le saviez-vous ?**

L'INPI propose des permanences et des consultations gratuites sur vos sujets de propriété industrielle (marque, dessins et modèles, brevets, indications géographiques)[1].

- Faites vos *due diligences* sur vos interlocuteurs et analysez les risques : des acteurs comme l'ADIT[2], leader européen de l'intelligence stratégique, vous aideront à prévenir les risques de corruption, de fraude, de contrebande ou de contrefaçon, à effectuer des contrôles d'honorabilité et de fiabilité sur vos partenaires, et à apprécier le contexte sécuritaire notamment.

- Entourez-vous pour l'implantation et les négociations commerciales : trouvez un avocat spécialisé en droit des affaires et en droit international avec une spécialité dans le pays concerné ; il faut qu'il soit en capacité à voyager avec vous pour les négociations mais ne le laissez pas rédiger à votre place, vous connaissez vos process et les contraintes.

- Réfléchissez aux conditions de paiement. Autant que possible, optez pour un paiement significatif à l'émission de facture et le solde à l'échange. Pensez aussi à l'affacturage pour financer vos factures sur des clients étrangers. Trouvez une bonne garantie

---

1. https://www.inpi.fr/fr/permanences-et-consultations
2. http://www.adit.fr/

pour couvrir les impayés. Enfin, la clause d'indexation monétaire permet de limiter vos risques de change en indexant votre prix de vente en monnaie étrangère sur la parité à l'euro.

- Réfléchissez à l'opportunité d'une couverture des risques de change. Les couvertures naturelles consistent à essayer d'équilibrer autant que possible vos opérations d'achat et de vente réalisées dans la même devise, et impliquent une évolution de votre *sourcing* notamment. À défaut et si les montants sont importants, vous pouvez recourir à des instruments financiers (options de change ou encore les *swaps*). Il faut cependant bien en mesurer les coûts.

- N'oubliez pas la désignation du tribunal compétent en cas de litige ; si vous rencontrez des difficultés, vous pouvez choisir le terrain neutre par excellence, la Suisse, c'est une solution généralement bien acceptée.

Vous êtes lancés ? Sachez que l'international est un environnement mouvant qui requiert de l'agilité. Vous gérez un « portefeuille de pays » : l'analyse coûts/bénéfices doit être actualisée chaque année. C'est aussi à vous de veiller sans cesse à l'adaptation aux besoins du client, et au maintien de votre différenciation.

## Le mot du coach

### Les 10 vertus cardinales pour réussir à l'international

Pour attaquer le marché international, vivez avec le monde et inspirez-vous des meilleures pratiques de vos concurrents et néanmoins amis !

1. La **persévérance** des Allemands pour ne pas faire de la voltige ou du *try and go* mais creuser son trou en adaptant la voilure au contexte économique du moment – sans jamais lâcher prise.

2. L'**humilité** des Suisses et des Hollandais, des « petits » qui écoutent et s'améliorent sans bruit pour s'adapter.

3. L'**agilité** des Italiens et leur approche « collaborative », leur sens de l'entraide, apprendre la solidarité à l'international pour partager des risques et des coûts... et des succès !

4. Le **pragmatisme** des Anglo-Saxons, *business is business*, pas d'idéologie ni de sentiments dans les affaires.

5. L'**opportunisme** des Chinois, patriotes et débrouillards !

6. La **fidélité** aux partenaires et aux clients, surtout quand les temps s'assombrissent. Être fidèle aux Russes ou aux Brésiliens quand la crise économique ou politique surgit, cela paie quand l'économie repart !

7. La **patience**, pour un rapport serein au temps dans la négociation (le temps brésilien n'est pas le temps chinois ou singapourien...).

8. La **concentration** : priorisez vos efforts pour éviter la dispersion. Il est plus simple de faire de bonnes affaires dans un petit pays proche que dans de grands pays lointains qui promettent sang et sueur.

9. Le **réalisme** : pensez au financement. Avez-vous les moyens financiers pour arriver à bon port ?

10. La **diversité** : c'est une immense richesse. Cooptez à votre Codir ou votre *board* des personnes qui ne pensent pas comme vous : Asiatiques, Anglo-Saxons, Africains... Est-ce qu'une partie des difficultés de nos ETI à l'international *versus Mittelstand* allemand ou même ETI anglaises n'est pas liée à cette incapacité à intégrer des profils différents ?

...et bien sûr le génie français ! La touche du chef qui fait votre singularité et qui vous différencie. C'est votre atout maître !

Boris Lechevalier, directeur associé, Altios International

## LEVIER N° 5 : LES RÉSEAUX D'ACCOMPAGNEMENT

Les réseaux d'accompagnement sont nombreux. Sachez vous en servir à bon escient.

Bpifrance propose également tout un continuum de financement et d'assurance export. Parmi les solutions[1], l'assurance prospection est une véritable aide au démarrage. Les frais (assez largement définis) sont remboursés par l'entreprise seulement si le développement commercial à l'étranger est un succès.

 **Le saviez-vous ?**

Il existe également un crédit d'impôt pour les dépenses de prospection commerciale : il concerne les PME qui recrutent un VIE ou une personne à l'étranger, et permet de déduire 50 % des dépenses dans la limite de 40 000 euros sur deux ans.

Beaucoup de régions ont aussi mis en place des dispositifs d'aide et des subventions pour l'internationalisation. Les CCI, souvent régionales, proposent des prêts, assurances ou aides au recrutement[2]. On compte plus de 400 conseillers internationaux en région[3].

Les chambres de commerce et d'industrie françaises à l'international (CCIFI) sont de précieux réseaux de contact à l'étranger : ce sont 120 associations de droit local qui regroupent des entreprises françaises et étrangères, qui comptent environ 35 000 entreprises membres[4].

Business France accompagne les entreprises dans la prospection de nouveaux marchés, gère le dispositif de VIE (*cf.* supra), réalise des veilles géographiques et sectorielles, et propose des services de conseil (communication, contexte réglementaire, appels d'offres internationaux).

---

1. Parmi ces solutions, la garantie de projets à l'international, l'assurance export et le crédit export notamment.
2. Toutes les aides sont référencées sur ce site : http://www.cci.fr/web/international/les-aides-a-l-international
3. http://www.cci.fr/web/international/contacts
4. http://www.ccifrance-international.org/

 **Le saviez-vous ?**

La base de données PROAO de Business France[1] vous donne accès annuellement à plus de 2 millions de projets et d'appels d'offres internationaux grâce à son moteur de recherche multilangue qui scanne quotidiennement 15 000 sites Internet. Un système d'alerte e-mail quotidien vous permettra de vous positionner rapidement. Business France assure une *hotline* réglementaire pour répondre à toutes vos questions en matière de réglementation douanière et réglementation produit[2]. Des études réglementaires spécialisées et des veilles réglementaires sont également proposées.

Les entrepreneurs exportateurs de votre région seront ravis d'échanger avec vous pour partager leurs expériences et peut-être mutualiser des moyens. Une cartographie des exportateurs est disponible sur le site des Douanes[3].

 Parole d'entrepreneur :
Julien Chaudeurge, CEO et cofondateur de Babyzen

### Pensez international tout de suite, dès le premier jour

Il est aussi simple de vendre à Paris qu'à New York ou à Londres, la France n'est qu'un pays parmi d'autres. C'est vrai qu'il faut intégrer une grande masse de données nouvelles, des différentes réglementations jusqu'aux incompréhensions culturelles. Mais une fois que vous l'avez acquise, vous l'avez pour toujours. Inscrivez le global dans votre ADN.

---

1. http://export.businessfrance.fr/prestations/conseil/projets-appels-d-offre/projets-et-appels-d-offre.html
2. http://export.businessfrance.fr/prestations/conseil/droit-reglementation/hotline-reglementaire-et%20juridique.html
3. http://lekiosque.finances.gouv.fr/portail_default.asp

# LEVIER N° 6 : L'ANALYSE DES CODES CULTURELS

La maîtrise des codes fondamentaux de la culture et des règles de politesse et de savoir-vivre peut vous faire gagner du temps et des contrats ! Elle requiert *a minima* une sensibilisation de vos équipes, voire quelques sessions de formation. Si vous écrivez sur la carte de visite qu'un Chinois vous donne, vous ne signerez pas le *deal* !

> **⚜ Le saviez-vous ?**
>
> Geert Hofstede est un psychologue néerlandais qui a inventé la théorie des Cultural Dimensions. Pour lui, la culture est composée d'idées et de valeurs traditionnelles. Il recense six grands facteurs de différences culturelles : la distance hiérarchique, le rapport à l'incertitude, l'équilibre entre individualisme et collectivisme, la dichotomie féminin/masculin, l'orientation court/long terme, l'indulgence *versus* contrainte. Son site Internet permet de faire des analyses par pays et des comparaisons entre pays[1].

La prise en compte des facteurs culturels peut vous aider à faire une meilleure première impression. Il faut par exemple être conscient de la manière dont nous, Français, sommes perçus[2]... et cela dépend de l'interlocuteur !

- Pour les Indiens, les Français sont rigides, trop structurés, trop ponctuels, incapables de s'adapter aux changements.

- Pour les Américains au contraire, les Français sont toujours en retard, désorganisés. Ils changent de sujet en cours de discussion, sont difficiles à suivre et ont la critique facile.

---

1. https://www.hofstede-insights.com/
2. Source : https://www.hofstede-insights.com/country-comparison/france/

La prise en compte des facteurs culturels peut vous aider à mieux interpréter les propos de vos partenaires. Pour les Anglais, le tableau[1] ci-dessous est assez explicite !

| What the British say | What the British mean | What others understand |
| --- | --- | --- |
| I hear what you say | I disagree and do not want to discuss it further | He accepts my point of view |
| With the greatest respect... | I think you are an idiot | He is listening to me |
| That's not bad | That's good | That's poor |
| That is a very brave proposal | You are insane | He thinks I have courage |
| Quite good | A bit disappointing | Quite good |
| I would suggest... | Do it or be prepared to justify yourself | Think about the idea, but do what you like |
| Oh, incidentally/ by the way | The primary purpose of our discussion is... | That is not very important |
| I was a bit disappointed that | I am annoyed that | It doesn't really matter |
| Very interesting | That is clearly nonsense | They are impressed |
| I'll bear it in mind | I've forgotten it already | They will probably do it |
| I'm sure it's my fault | It's your fault | Why do they think it was their fault? |
| You must come for dinner | It's not an invitation, I'm just being polite | I will get an invitation soon |
| I almost agree | I don't agree at all | He's not far from agreement |
| I only have a few minor comments | Please re-write completely | He has found a few typos |
| Could we consider some other options | I don't like your idea | They have not yet decided |

**Figure 9 – Sources possibles de malentendus en anglais**

---

1. L'auteur de ce schéma, évoqué pour la première fois par *The Economist* en 2011, reste inconnu à ce jour. Il semblerait qu'il ait été conçu par un chef d'entreprise, à l'attention de ses salariés néerlandais. Voir notamment : https://www.economist.com/johnson/2011/05/27/this-may-interest-you

Enfin, dans vos négociations, le facteur culturel va également jouer un rôle clé. Voici un résumé des comportements types en négociation compte tenu de la nationalité :

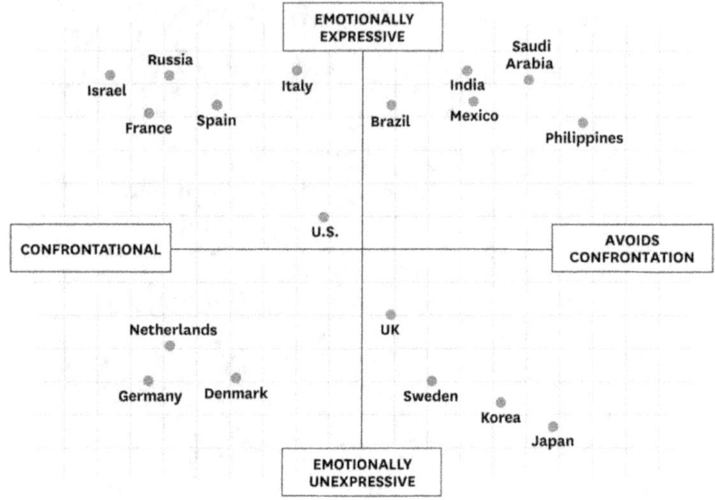


Source : Erin Mayer, « Getting to Si, Ja, Oui, Hai, and Da », December 2015.

**Figure 10 – Facteurs culturels et négociation**

En négociation, quels que soient votre destination et votre interlocuteur :

- Observez et écoutez, reconnaissez et respectez les différences interculturelles, recherchez des solutions gagnant-gagnant.

- Montrez de l'empathie, du respect et de la confiance, vérifiez vos suppositions, évitez de juger.

- Vérifiez toujours que vous avez été bien compris ; si vous ne comprenez pas ce qui a été dit ou si vous avez un doute, dites-le à votre interlocuteur ; en fin d'entretien, répétez les points clés et les points d'accord.

- Anticipez les retards possibles, soyez patient.

## Le coach « Impact Positif »

Pour mieux comprendre les attentes et les cultures locales dans vos nouveaux territoires de développement, engagez un dialogue avec les parties prenantes locales, en amont de votre implantation.

Pensez aussi à raconter qui vous êtes et l'histoire de votre entreprise ou de votre offre... mais cultivez aussi l'ancrage local de vos activités dans les pays où vous vous implantez. Les circuits courts, l'approche gagnant-gagnant, la traçabilité et la transparence ont la cote et font la différence, en B to C comme en B to B. Essayez d'avoir un impact positif local par la création d'emplois évidemment, le recours à des fournisseurs locaux quand c'est possible, les partenariats avec des structures locales, l'appel à des entreprises solidaires qui aident les populations locales dans le besoin (par exemple les handicapés pour la préparation des commandes, la logistique, etc.), la mobilisation de vos équipes pour une cause locale, etc.

Intégrez cela à votre discours, sans forfanterie mais de manière factuelle, sincère et honnête sur ce que vous faites de bien et sur les champs de progrès que vous comptez explorer.

Élisabeth Laville, fondatrice du cabinet spécialisé Utopies

Et puis il y a les bonnes manières, qui diffèrent d'un pays à l'autre[1], et qui peuvent vous faire marquer ou perdre des points. Un exemple

---

1. Pour en savoir plus sur les pratiques d'affaires consultez par exemple,
– pour la Chine : http://www.marketing-chine.com/conseils-business-en-chine/faire-des-affaires-avec-les-chinois ;
– pour les États-Unis : http://www.attijaritrade.ma/fr/choisissez-votre-marche-cible/profils-pays/etats-unis/pratiques-des-affaires ;
– pour l'Inde : http://blog.lefigaro.fr/legales/2013/09/comment-faire-des-affaires-en-inde.html

marquant est la manière dont on échange des cartes de visite en Chine[1].

**Bonnes pratiques**

## Les 6 règles à suivre
## quand vous donnez des cartes de visite en Chine

> Assurez-vous que vous en avez suffisamment : une rupture de stock nuirait à votre crédibilité.

> Veillez à ce que vos cartes soient impeccables : il est préférable de les stocker dans une boîte.

> Prévoyez deux faces : l'une en anglais et l'autre en chinois.

> Donnez votre carte de visite avec vos deux mains, avec votre nom en face de la personne, et inclinez-vous un peu.

> Commencez par la personne la plus élevée dans la hiérarchie ou la plus âgée.

> Donnez personnellement vos cartes à chaque personne qui vous entoure, même s'il y a beaucoup de monde. Ne laissez pas une boîte en libre-service.

## Les 4 règles à suivre
## lorsque vous recevez une carte de visite en Chine

> Prenez la carte avec vos deux mains.

> Prenez le temps de la lire (pour comprendre le nom, le titre et la position de la personne).

> Rangez-la correctement... Pas dans votre poche de pantalon !

> N'écrivez pas sur la carte, tout du moins pas en face de la personne.

---

1. Source : https://blog.asiaqualityfocus.com/fr/lart-de-donner-une-carte-de-visite-en-chine/

# CARNET DE ROUTE

## Développement international

Prenez quelques minutes pour vous demander ce que vous appliquez déjà dans votre entreprise, ce que vous pourriez développer ou mettre en place. Peut-être d'ailleurs pouvez-vous avoir cette discussion avec votre Codir ? Pensez à faire votre autodiagnostic en ligne[1]. Puis organisez-vous pour activer ce levier de croissance !

### Points forts

Avez-vous déjà une expérience à l'international ? ou un membre de vos équipes ? Vos produits/services s'y prêtent-ils bien ?

....................................................................................

....................................................................................

....................................................................................

....................................................................................

....................................................................................

....................................................................................

### Axes de progrès

Êtes-vous satisfait de votre présence à l'international ? Tirez-vous pleinement parti des relais de croissance à l'étranger ? Sinon, pourquoi ?

....................................................................................

....................................................................................

---

1. www.carnetdecroissance.fr

························································

························································

························································

························································

## Décision

Par quoi commence-t-on ? Quel verrou à la croissance fait-on sauter ?

························································

························································

························································

························································

························································

························································

## Objectif

Choisissez 1 à 3 indicateurs clés de succès – pas plus – et validez-les avec le porteur de projet et/ou le Codir. Quel pourcentage de votre CA peut être tiré par l'export ? Quel (prochain) pays allez-vous cibler ? Lancez-vous un défi !

························································

························································

························································

························································

························································

## Calendrier/Rétroplanning

Date de lancement ; date pour atteinte des objectifs. N'hésitez pas à caler des dates intermédiaires/points de rendez-vous.

........................................................................................

........................................................................................

........................................................................................

........................................................................................

........................................................................................

## Responsable du projet

Qui est votre haut potentiel/personne clé sur ce levier ? Qui va relever le défi ? Qui voulez-vous motiver ?

........................................................................................

........................................................................................

........................................................................................

........................................................................................

........................................................................................

## Contributeurs internes

L'international, c'est l'affaire de tous ! Ayez les compétences le plus diverses possible dans votre équipe projet. Et suscitez les candidatures car se développer à l'international, c'est une aventure qui booste la motivation des équipes.

........................................................................................

........................................................................................

........................................................................................

........................................................................

........................................................................

### Contributeurs externes

Vos clients, vos partenaires habituels, des entreprises de votre territoire peuvent-ils être concernés par cette aventure ?

........................................................................

........................................................................

........................................................................

........................................................................

### Vos enjeux RH

Qui va gérer la France si vous devez multiplier les déplacements ? Devez-vous recruter pour relever ce challenge de l'international ? Bonne nouvelle : internationaliser votre entreprise, c'est aussi booster sa marque employeur (*cf.* chapitre 7, levier n° 5 « La marque employeur ») !

........................................................................

........................................................................

........................................................................

........................................................................

........................................................................

**C'est parti ! Vous avez activé un levier de croissance.**

**Vous pouvez passer au suivant !**

# CHAPITRE 4
# LA CROISSANCE EXTERNE

## LE MOYEN LE PLUS RAPIDE DE DOUBLER DE TAILLE !

*Agissez comme s'il était impossible d'échouer.*

Winston Churchill, homme d'État britannique (1874-1965)

*Le plus grand ennemi d'un bon plan, c'est le rêve d'un plan parfait.*

Carl von Clausewitz, militaire et écrivain (1780-1831)

La croissance externe (*build up*) est un formidable levier de croissance. C'est le plus ambitieux, le plus rapide. Elle permet en effet de gagner du temps : l'entreprise acquiert mécaniquement les clients, les marchés et les compétences techniques de la cible. Elle permet aussi d'acquérir une taille critique sur le marché, de diversifier les risques, de faire des économies d'échelle, de gagner en autonomie d'approvisionnement, de bénéficier d'une antériorité et d'équipes locales reconnues sur un marché à l'international.

Pourtant, il n'y a que 300 à 500 opérations de *build up* par an ; il en faudrait cinq fois plus pour combler l'écart avec l'Allemagne en termes de nombre d'ETI[1]. En 2016, alors que 51 % des chefs d'entreprise envisagent de faire une opération de croissance externe, l'opération est considérée comme trop risquée pour 49 % d'entre eux. À noter, la croissance appelle la croissance : parmi les chefs d'entreprise qui envisagent ce type d'opération, 61 % ont déjà réalisé au moins une acquisition externe[2].

Doubler de taille, c'est s'emparer du levier de la croissance externe, avec énergie, mais aussi méthode, pour en maîtriser les risques.

### Quelques repères

- Les PME de croissance consacrent l'essentiel de leurs investissements à la croissance externe. 12 % des PME de croissance ont réalisé une acquisition de titres ou de fonds de commerce entre 2011 et 2015[3]. Cela représente entre 54 et 62 % de l'investissement total et 6 % du chiffre d'affaires. Le taux de croissance moyen des PME recourant à la croissance externe ressort à 31 % contre 19 % pour les autres PME de croissance.
- La croissance externe concerne toutes tailles d'entreprise. Près des trois quarts des opérations sont réalisées par des PME de taille réduite (chiffre d'affaires inférieur à 4 millions d'euros).
- La croissance externe concerne toutes tailles d'entreprise. Près des trois quarts des opérations sont réalisées par des PME de taille réduite (chiffre d'affaires inférieur à 4 millions d'euros). Le montant moyen de l'investissement de crois-

---

1. Source : étude Bpifrance, « Acquérir pour bondir », 2015.
2. Cabinet Denjean & Associés « Croissance externe : les stratégies des entreprises françaises de 2010 à 2015, et leurs projets pour 2016 », 2016.
3. Source : étude Xerfi, « Les stratégies de croissance externe dans les PME, mai 2017 » portant sur 1 050 PME ayant opéré des croissances externes supérieures à 100 000 euros et dont le chiffre d'affaires a connu une croissance d'au moins 10 % par an.

sance externe des PME en croissance s'élève à 1,60 million d'euros sur la période 2011-2015.

- La croissance externe génère souvent un besoin de ressources financières externes. En moyenne, les levées de capitaux propres représentent 50 % du financement.

## Enjeux et convictions

- Essayer, c'est l'adopter ! Passé la courbe d'expérience de la première croissance externe, vous aurez envie d'y revenir. 35 % des PME qui ont réalisé une opération de croissance externe y recourront de nouveau[1].
- Toutefois, c'est une opération qui nécessite une préparation en amont forte : tel un général d'armée, vous devez choisir soigneusement vos cibles et anticiper le plus possible à la fois l'approche, la négociation et l'intégration. Aucune place pour l'improvisation.
- Une croissance externe n'est réussie que lorsque l'intégration est achevée : le plus difficile n'est pas d'acheter mais d'intégrer, réaliser les synergies, respecter les budgets et les délais d'intégration, retenir les talents/personnes clés, et réaliser ainsi l'avantage stratégique visé.
- Cette intégration nécessite un leadership fort et un appui externe : en amont pour organiser, prévoir, coordonner et contrôler ; en aval pour mobiliser, gagner la confiance et emmener toutes les équipes « historiques » et les équipes de la cible dans le nouveau projet d'entreprise.

---

1. Étude Xerfi précitée.

## ◼ VOS LEVIERS

### LEVIER N° 1 : UNE STRATÉGIE D'ACQUISITION

Ne mettez pas la charrue de la croissance externe avant les bœufs de la stratégie. Une croissance externe n'a rien d'un « coup » ou d'une baguette magique ; elle ne se fait pas non plus dans l'urgence. Chaque acquisition doit s'inscrire dans une stratégie de croissance construite et proactive.

La stratégie de croissance externe part d'un diagnostic sans complaisance du positionnement stratégique de votre entreprise… et de vos ambitions. En quoi une opération de croissance externe peut combler vos insuffisances et accélérer l'atteinte de vos objectifs de croissance ? En réalisant une acquisition, vous pouvez potentiellement accélérer dans plusieurs directions :

- renforcer la couverture commerciale en France et à l'international ;
- acquérir de nouvelles compétences ;
- acquérir une taille critique ;
- offrir davantage de solutions innovantes ;
- renforcer la visibilité de l'offre ;
- rester compétitif ;
- diversifier vos risques ;
- sécuriser vos approvisionnements ;
- réaliser des synergies.

Quels sont vos besoins/envies ? Essayez de les formaliser sur un schéma comme celui figurant ci-après :

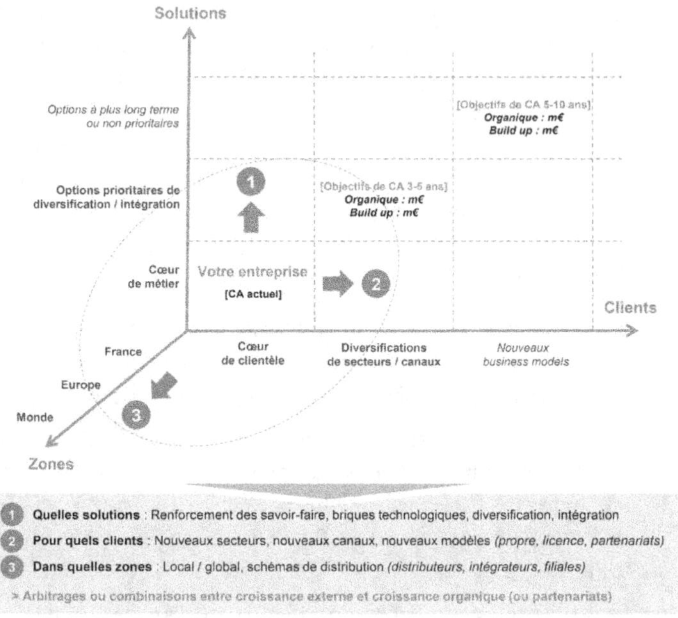



© Mathieu Roux, Zero7event Executive Strategies™

**Figure 11 – Trois axes pour arbitrer votre stratégie générale et de *build up***

Définissez des objectifs clairs et concrets, analysez vos ressources internes et externes, et vous en déduirez les critères de sélection des cibles d'acquisition.

## LEVIER N° 2 : UN CIBLAGE EXIGEANT

Passer de l'intention à l'acte, en matière de croissance externe, suppose une attitude proactive de ciblage et la mise au point d'un « tamis » qui va vous permettre d'examiner les dossiers de manière éclairée. Bien sûr, des opportunités peuvent se présenter, spontanément ou *via* un banquier d'affaires, et certaines peuvent même avoir une allure attirante de « bon *deal* » financier. Mais grossir pour grossir n'est pas une bonne option. Méfiez-vous des aubaines, vous pourriez les payer cher *in fine*. Il vous faut définir *ex ante* vos critères de sélection pour ne pas vous laisser influencer, surtout quand le calendrier de décision est rapide.

Comment définir cette grille d'analyse ? Vous avez une boussole principale : votre objectif stratégique (*cf.* supra), c'est le critère le plus important de filtrage. Et d'autres critères entrent en jeu, notamment :

- La taille de la cible : jusqu'où vous sentez-vous confortable compte tenu des capacités de vos équipes dirigeantes ?

- La situation géographique : êtes-vous prêt à aller hors de France ? en Europe ? hors d'Europe ? dans des pays développés ou émergents ? Cela va-t-il vous permettre d'avoir une position de leader sur ce(s) marché(s) ? Là aussi l'analyse de vos capacités managériales est clé.

- La qualité et la complémentarité des expertises et des équipes respectives des deux sociétés, et leur capacité à travailler ensemble.

- La solidité financière de la cible et votre capacité à redresser éventuellement une situation difficile, voire assumer un plan social.

Naturellement le prix importe, car il faut bien qu'il y ait un retour sur investissement et il faut également que vous ayez les moyens de vos ambitions. Vous pouvez notamment définir le critère de taille sous forme de valorisation maximale d'entreprise, en tenant compte de votre capacité de financement. Mais on n'achète pas une cible parce qu'elle est peu chère si elle ne fait pas de sens d'un point de vue stratégique. Inversement, on ne rate pas une opération parfaite sur le plan stratégique parce que les audits font apparaître un écart de 5 %

sur le résultat opérationnel donc la valorisation. Il est aussi dommage de la manquer parce qu'on est réticent à l'ouverture, même minoritaire, de capital (*cf.* chapitre 9 « Le financement de la croissance »).

Vous êtes déterminé ? Restez en veille dans votre secteur. Toutes les parties prenantes doivent être informées et sensibilisées avec votre projet de croissance externe. Sollicitez votre réseau, vos managers, vos directeurs d'implantation, pour identifier des cibles et vous apporter des informations. Si vous visez une acquisition de taille significative ou particulièrement stratégique pour vous, signalez-vous à des banques d'affaires et prenez leurs conseils. Si vous voulez accélérer, donnez un mandat à l'achat et mettez-les en concurrence (une partie des frais peut être mise en *success fees*). Si vous visez une acquisition à l'international, contactez aussi les entreprises françaises déjà présentes et toutes les institutions qui viennent en aide à l'export des entreprises (*cf.* chapitre 3 « Le développement international ») pour vous mettre en lien avec les personnes adéquates.

Une fois la cible identifiée, n'hésitez pas à croiser les regards. Entre le sentiment d'urgence, le caractère hautement stratégique et les risques en jeu, les dirigeants sont parfois tentés de « prendre sur eux » la décision de croissance externe. Ils hyper personnalisent la décision et contribuent à s'isoler à la fois dans le risque et pour le processus d'intégration à venir.

Au contraire, lorsque vous avez identifié une cible, et particulièrement si cette opération est transformante, croisez votre regard avec votre comité de direction et votre *board*, avec vos actionnaires et avec vos cadres. Demandez-leur deux types de retour :

- qu'ils vous « challengent » sur l'adéquation du projet de croissance externe avec votre stratégie et vos objectifs ;
- qu'ils enrichissent votre analyse des opportunités et des risques concernant la cible.

Vous formez ainsi autour de vous un cercle d'alliés vers qui vous pourrez revenir régulièrement dans les phases ultérieures de négociation ; ils vous aideront à tenir le cap.

## LEVIER N° 3 : CRÉER L'ENVIE

La cible est identifiée. Vous voulez réussir ce *deal*. La clé du succès n'est pas uniquement dans les propositions écrites que vous formulerez. La dimension humaine est majeure dans l'acquisition d'une PME.

 **Le saviez-vous ?**

Les individus adhèrent d'abord à un leader, et ensuite à une vision. La crédibilité et le charisme du leader déterminent sa capacité à passer un message. Si le leader est jugé peu crédible, la place est considérée vacante et les individus partent en quête d'un autre leader. Votre leadership et votre exemplarité sont déterminants pour la réussite d'une opération de croissance externe.

Pendant tout le processus d'analyse de la cible et de négociation, nourrissez et donnez à voir votre vision stratégique. Elle doit être perceptible, audible dans toutes vos prises de contact. Au cours de vos négociations, redonnez régulièrement la vision de la *big picture* : montrez que vous avez un projet solide et ambitieux, que vous construisez avec une vision de long terme, que vous n'êtes pas là pour faire un « coup ». Valorisez ce qui fonctionne, ce qui donne de la vitalité, ce sur quoi vous avez envie de construire pour aller plus loin.

Rencontrez les équipes très tôt. Une analyse des attentes et de la situation des équipes vous aidera à comprendre le registre et la teneur des émotions en jeu que vous devez prendre en compte et gérer. C'est le moment de parler de création de valeur, mais aussi de valeurs humaines, de destin commun, de trajectoire et d'engagement. C'est le moment de parler aux individus et aux émotions.

Aidez le cédant à construire lui aussi une belle histoire. Évaluez très tôt la détermination du cédant. Trop de croissances externes échouent parce que, finalement, le cédant… ne veut plus céder ! Essayez de comprendre s'il se projette dans une nouvelle vie et s'il a préparé cette suite – évitez ainsi la situation où le cédant recule au dernier moment parce qu'il n'a pas préparé cette ultime phase et que pour lui la retraite, c'est la mort. Et prenez en compte ses angoisses personnelles. Un cédant veut notamment être rassuré sur la pérennité de l'entreprise postacquisition ; sa responsabilité sociale est en jeu. Il peut avoir fait certaines promesses aux managers en place par le passé, et avoir certains remords. Ces éléments sont clés pour ajuster votre approche de la société, et ne pas perdre votre temps. En somme :

- faites preuve de souplesse dans les solutions qui lui sont offertes ;

- argumentez sur un prix d'acquisition juste qui respecte les équilibres financiers et vise à garantir la pérennité de la cible ;

- montrez-lui que ses attentes sont prises en compte, qu'il partira l'esprit tranquille et qu'il pourra être fier de cette sortie. Construisez ensemble l'histoire de sa transmission.

En soignant votre image d'acquéreur, vous soignez votre attractivité et votre pouvoir d'influence et de négociation, mais aussi votre réputation sur le marché. Veillez à ce que vos équipes et vos conseils relaient cette vision et gardent également cette attitude d'écoute et de bienveillance – et ce même si (et particulièrement si) le processus est plus chaotique que prévu.

Créez de l'envie aussi en interne, dans votre entreprise. Vos équipes ont peut-être des peurs ou des réticences (surtout si c'est un ancien concurrent ou si la cible a des compétences et technologies que la société de tête n'a pas), et vous devez les embarquer dans cette aventure. Expliquez pourquoi vous pensez que cela peut être une belle histoire et racontez cette histoire. En quoi est-ce que cela sert votre stratégie, avec quelles convictions et quels espoirs résonne-t-elle ? Comment voyez-vous l'avenir et quelle cohérence s'impose par rapport au passé ? Pourquoi cette cible a-t-elle retenu votre attention, en dehors même des négociations sur le prix ?

Si votre cible est à l'étranger, redoublez voire triplez vos efforts de communication : le temps nécessaire à la communication multilingue est souvent sous-estimé.

Pour que l'envie ne retombe pas, donnez du *momentum* : respectez le calendrier, soyez réactif, anticipez les étapes d'après.

## LEVIER N° 4 : UNE ORGANISATION DÉDIÉE

La gestion de votre temps et de votre énergie est un enjeu caché, mais crucial, de la réussite de la croissance externe. Lancer une opération de croissance externe est une aventure en soi qui s'ajoute à la grande aventure quotidienne de l'entreprise actuelle, qui doit continuer à tourner normalement. Les négociations, jeux de positionnement et d'influence, induisent un surcroît de travail et de fatigue, *a fortiori* si votre cible se situe sur un autre continent. L'incarnation permanente de la vision et l'écoute active évoquées ci-dessus vous amènent à puiser dans votre énergie. Vous prenez vous-même un risque patrimonial et personnel accru, avec des moments de stress et de doute – faites-vous le bon choix ? Enfin, trop de fatigue et de stress peuvent peser sur le climat familial.

Votre objectif est d'éviter cette fragilisation personnelle et de conserver votre énergie pour les moments clés de cette négociation et les décisions importantes de votre entreprise actuelle. Comment tenir dans la durée ?

- Trouver des relais pour gérer le périmètre actuel de votre entreprise : à qui pouvez-vous déléguer ? Il ne vous est pas conseillé de débrayer totalement pendant un process qui peut être long, mais de vous appuyer au maximum sur vos hauts potentiels. De votre côté, suivez les activités pour éviter ou comprendre les écarts. Pour gérer au mieux votre charge de travail, mettez s'il le faut d'autres projets en attente.

- Entourez-vous pour vous aider dans le processus de croissance externe : ne soyez jamais seul dans les réunions car, dans les négociations complexes, quatre yeux valent mieux que deux.

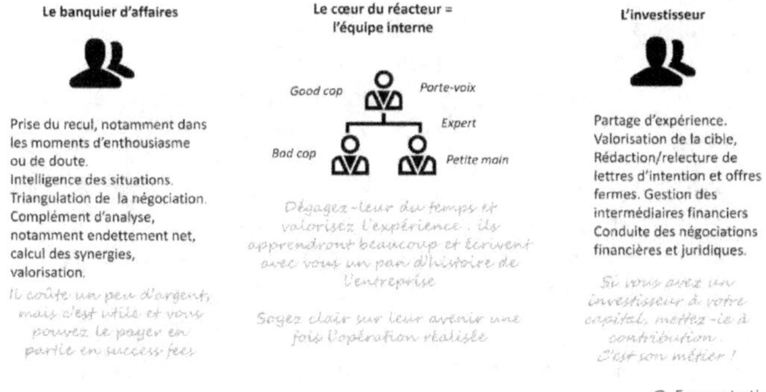


**Figure 12 – Croissance externe : votre équipe projet**

Préparez ensemble chaque session de travail : les enjeux, les points non négociables, vos lignes rouges dans la négociation, les éléments de langage.

## Le mot du coach 

### Et si la croissance externe commençait par une aventure intérieure ?

La croissance externe est souvent définie par opposition à la croissance interne, comme le développement de l'entreprise par « l'extérieur ». Elle évoque des *process* de fusions-acquisitions, d'audits, de *négos*. Beaucoup l'appréhendent comme un saut vers l'inconnu, que l'on franchit avec succès ou au contraire pertes et fracas. Mais la réalité de la croissance externe se situe plus souvent entre deux eaux, dans une zone grise où des entreprises se rapprochent et cohabitent, sans vraiment consommer le fruit de leur union : complémentarités, intégration, synergies.

### Symptômes

Un manque d'aisance pour parler aux clients de nouveaux produits auxquels on n'a pas été suffisamment formé ou intéressé. Des difficultés à accepter de nouveaux savoir-faire. Des barrières dans la communication entre collaborateurs de cultures différentes, parfois perçus comme des rivaux. Des managers débordés qui ne parviennent plus à prendre de la hauteur, à déléguer et à faire avancer un trop grand nombre de chantiers.

### Causes

Les freins les plus tenaces se révèlent postacquisition. Ils trouvent leur origine dans une vision insuffisamment partagée, conduite ou incarnée. Ils sont d'abord internes, chez l'acquéreur, et étaient souvent dépistables avant l'acquisition (même si c'est plus facile à dire après coup).

Et si la croissance externe relevait en premier lieu d'une aventure « intérieure » ? Voici trois idées pour préparer votre projet plus sereinement (ou trois remèdes si vous rencontrez des difficultés), inspirées des retours d'expérience de ceux qui ont franchi le pas !

### Connais-toi toi-même

Sans écarter les aléas liés à l'environnement et à la cible, la croissance externe est d'abord un challenge pour votre entreprise, qui implique de se connaître et de s'accepter avant de se lancer. En commençant par réaliser un diagnostic franc à 360°, vous serez en mesure d'anticiper les freins, et de vous préparer pour réunir les conditions de succès du projet.

### Ne tirez pas sans ligne de mire

La croissance externe est avant tout une stratégie (et pas une fin en soi). Les intégrations réussies répondent efficacement à des questions concrètes : (i) Quelles solutions ? (ii) Pour quelles applications clients ?, (iii) Localement, globalement ? En décidant d'abord où vous souhaitez aller, vous définirez des critères plus ciblés et gagnerez un temps précieux en décisions. Vous vous donnerez le choix d'opportunités qui vous correspondent vraiment.

### Jouez-la collectif

Avec une feuille de route claire et sincère, vous vous positionnerez comme l'artisan d'un projet fédérateur, et pas comme un candidat lambda à la reprise. En partageant un plan stratégique et de pilotage crédible, vous répondrez en amont à 90 % des questions de vos collaborateurs, clients, partenaires financiers et conseils. En les mobilisant dans une relation de confiance, vous serez à même de vous projeter ensemble dans un plan d'intégration réaliste. Vous vous trouverez en position de force pour aborder votre projet.

Mathieu Roux, Zero7even Executive Strategies

# LEVIER N° 5 : UNE APPROCHE MÉTHODIQUE

Les différentes étapes qui vont se succéder pour l'acquisition de votre cible sont prévisibles, soyez prêt !

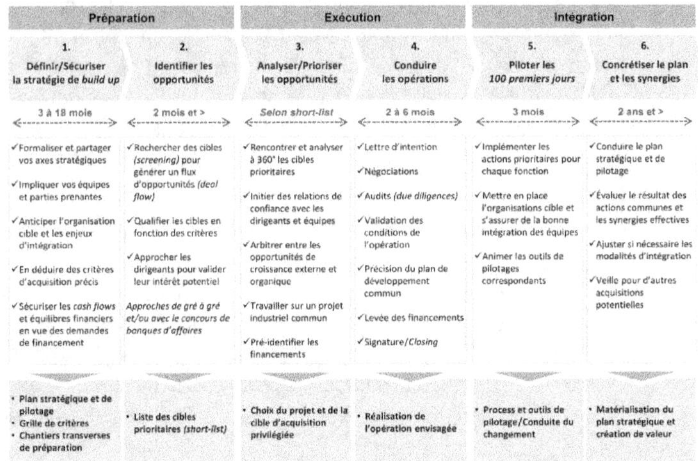


© Mathieu Roux, Zero7event Executive Strategies™

**Figure 13 – Processus de croissance : étapes et prérequis**

Votre « équipe projet » doit être formée et opérationnelle dès le premier jour des négociations (si elle peut être associée à la définition des critères c'est encore mieux), et se projeter d'emblée dans l'accompagnement de l'intégration : c'est la condition *sine qua non* pour être prêt à la prise en main le jour J.

Adaptez l'équipe à la nature et la complexité des enjeux. Pour être en ordre de marche après le *closing* et éviter les surprises, votre démarche de *due diligence* doit être la plus large possible, et englober notamment :

- le positionnement stratégique/marché, et les avantages comparatifs techniques/technologiques et humains ;

- la vision, les valeurs, les méthodes de travail, les règles et processus décisionnels ;

- Les données financières, qui mériteront dans la plupart des cas un re-travail pour comparer les agrégats comparables ;

- l'équilibre prévisionnel entre les deux sociétés, pas seulement globalement mais aussi pays par pays ou site par site, et les modifications de responsabilités/nominations qui en découlent (essayez dans toute la mesure du possible de promouvoir aussi des managers de la cible) ;

- la complémentarité du portefeuille de produits/services ;

- le degré d'intégration visé : quelle autonomie laisser à la future filiale ? quelles fonctions peuvent être transversalisées ?

- le degré de mobilité du personnel ;

- l'autonomie de fonctionnement de la cible par rapport à un grand groupe (notamment en cas de *spin off*), à une dépendance d'approvisionnement, à un recours plus ou moins important à l'externalisation, à sa dépendance à quelques personnes clés… ;

- le degré d'émotion que peut susciter l'opération : s'il est important vous devrez redoubler d'efforts en matière de *team building*, de formations et, pour certains, de signes extérieurs de reconnaissance (récompenses et rémunérations). Il vous faut aussi évaluer le risque de départs potentiels ou les remplacements nécessaires.

Identifiez en amont les sujets pointus qui nécessiteront un audit externe :

**1. Revue générale**
- historique
- organisation générale de l'entreprise
- contrôle de gestion, politique comptable
- 3 derniers exercices
- endettement
- génération de cash
- projections à 3 ans

**2. Aspects juridiques**
- revue des registres
- actionnariat et pactes d'actionnaires
- engagements liés aux dettes
- actes de propriété
- revue de contrats avec des tiers
- revue des contrats avec le personnel
- revue des licences utilisées
- litiges
- assurances

**3. Aspects commerciaux**
- analyses de marché par segment
- analyse des principaux clients
- analyse des concurrents
- revue des objectifs commerciaux

**4. Ressources humaines**
- état des effectifs par catégorie, qualification, âge,…
- état des rémunérations et annexes par personne
- revue des conventions particulières de toute nature
- analyse du turn-over, des conflits, de l'absentéisme, des accidents du travail…
- relations sociales, organismes élus, syndicalisation,…

**5. Organisation du management**
- organigramme de tête (comité de direction)
- décisions et délégations
- « hommes clés »

**6. Engagements hors bilan**
- retraites
- engagements non comptabilisés
- risques latents non chiffrés

**7. Aspects fiscaux et sociaux**
- amortissements, reports déficitaires
- IS, intégration fiscale
- TVA
- charges sociales
- derniers contrôles, contrôles attendus

**8. Questions environnementales**
- classement
- risques sur la santé du personnel
- risques sur l'air, le sol, l'eau
- risques dans les produits vendus

**9. Système d'information**
- équipement (matériels, logiciels, sous-traitance)
- équipe dédiée
- process utilisés (sécurité, intégrité des données)
- satisfaction des utilisateurs
- projets d'investissement

**10. Aspects industriels**
- état des moyens industriels
- ressources techniques
- positionnement du *know how*
- positionnement prix de revient
- positionnement qualité, revue des retours, déchets, non conformités
- projets et enjeux d'investissement

**11. R & D, brevets, propriété intellectuelle**
- organisation de la recherche
- ressources dédiées
- revue des brevets
- revue des licences

Source : APIA

**Figure 14 – Une check-list type, non exhaustive, pour des *due diligences* classiques**

## Le coach « Impact Positif »

En amont du projet d'acquisition, intégrez les dimensions sociales et environnementales au travail d'analyse et de *due diligence*. Posez des questions, demandez à votre cible de remplir un questionnaire sur le sujet (par exemple le *Business Impact Assessment* du label international B Corp, qui est accessible en ligne et gratuit) et utilisez-le pour entamer un dialogue ouvert et constructif sur les risques ou opportunités, les points forts ou les points de progrès, associés au développement durable pour l'entreprise cible.

Après réalisation du projet, pour fédérer les équipes qui ne se connaissent pas, initiez un nouveau projet fédérateur qui leur donnera l'occasion de se rencontrer sur des sujets non nécessairement professionnels et de créer une culture commune en mode *team-building*. Cela peut être un projet de

> volontariat des équipes au service d'une cause (Axa avait ainsi il y a quelques années lancé le projet *Atout Cœur* après une fusion de trois entreprises), la quête d'une amélioration de vos pratiques RH et d'une labellisation de votre marque employeur (comme Great Place to Work), ou l'engagement dans une certification plus globale de vos pratiques responsables (comme B Corp).
>
> Élisabeth Laville, fondatrice du cabinet spécialisé Utopies

Certaines problématiques sont trop souvent sous-estimées : intégrez-les dans vos sujets de discussions et de suivi :

- Passez du temps à comprendre la culture de l'entreprise. C'est souvent le parent pauvre du *process* de *due diligence*. Pourtant, cela fait partie des facteurs qui seront déterminants. Vous pouvez la capturer en observant quelques critères clés : engagement, esprit d'équipe, importance des délégations de pouvoir, place de l'informel, mesure et rémunération de la performance, expériences antérieures de changement important.

- Évaluez les alignements ou désalignements d'intérêts des personnes clés et la probabilité de pouvoir les faire évoluer. Les associer au capital, à travers l'octroi d'actions gratuites ou d'actions de performance, la possibilité de souscrire à une *management company* (Manco) peuvent les aider à se projeter dans un destin commun. À l'inverse, si la séparation est au bout du chemin, autant l'anticiper tout de suite.

- Pensez notamment à mesurer le temps et les coûts d'intégration. Ne faites pas un *business plan* trop optimiste les deux premières années, il vous faudra financer le besoin en fonds de roulement (BFR) lié à l'intégration et les coûts des restructurations et de l'intégration en prenant bien en compte le coût des conseils.

- Pensez aussi à la gouvernance future : avez-vous besoin d'un accompagnement du cédant ? Restera-t-il au capital ou dans le management et pour quelle durée ? en cas de fusion, quelle répartition des rôles et des droits de gouvernance entre les dirigeants ? Devez-vous faire évoluer votre comité de direction, votre conseil d'administration ou *advisory board* compte tenu du futur périmètre de la société ?

Enfin, demandez à votre équipe d'anticiper les outils de pilotage de l'intégration. En termes de méthodologie :

- Faites le diagnostic à 360° de la société acquéreuse : quelles sont ses forces et faiblesses ?

- Faites le même exercice pour la cible et analysez aussi ses principaux enjeux offensifs et défensifs.

- En superposant ces deux images, identifiez les manques et déduisez-en un plan de pilotage opérationnel priorisé, avec des actions précises (sécuriser les clients principaux listés par l'équipe projet ? assurer l'intégration des systèmes d'information ? recruter un directeur financier ou un directeur commercial ?) et des dates d'échéance précises (que faut-il faire dans le premier mois ? que faut-il absolument sécuriser dans les trois aux six prochains mois ? Qu'est-ce qui pourra attendre quelques mois de plus ?).

## Le coach digital

### L'ERP Cloud, un gain de temps et d'efficacité pour vos croissances externes

Lors d'une opération de croissance externe, la fusion des outils informatiques est toujours problématique. Pour faire converger les systèmes d'information et déployer vos outils dans l'entreprise reprise, l'ERP dans le Cloud (Divalto, par exemple) est votre premier allié. Pas d'infrastructures, faible investissement, moindre charge pour les équipes informatiques... tout va plus vite.

On a vu un groupe de communication réaliser l'acquisition de deux structures quasi en même temps et mettre moins d'un mois pour donner l'accès à distance à son ERP Proginov à tous ses nouveaux utilisateurs !

Mais, comme tout projet d'ERP, ce n'est pas l'outil qui va gérer le changement : les équipes devront être formées et accompagnées pour s'adapter aux nouveaux processus de gestion !

William Porret, fondateur d'ENORA Consulting

Définissez votre dispositif de suivi et vos indicateurs clés (*cf.* infra, levier n° 7) : à quoi jugerez-vous que la croissance externe est une réussite ?

La préparation demande de la collaboration de la part des deux parties : faites équipe au plus vite, et ce même si votre cible sera – et c'est bien normal – concentrée sur sa propre activité jusqu'au jour J.

- Demandez au cédant d'identifier deux ou trois personnes ressources qui seront vos interlocuteurs privilégiés et embarquez-les dans votre démarche.

- Dès que possible, rencontrez les principaux clients, afin de les rassurer en étant transparent et attentif.

- Demandez à voir les personnes clés de votre cible, qui sont des alliés critiques pour le succès de votre intégration.

- Impliquez-vous dans le dialogue social pour expliquer votre projet en interne et dans la cible.

- Progressivement, donnez du sens à toutes les parties prenantes de l'entreprise : acteurs de la filière, partenaires, pouvoirs publics, presse… Tout l'écosystème de l'entreprise doit être informé de votre vision et de votre projet.

Si les négociations n'aboutissent pas, formalisez un bilan *post-mortem* : retours d'expérience, zones d'amélioration, réévaluation du projet d'entreprise. Vous transformerez ainsi un échec relatif en expérience enrichissante qui vous aidera pour la prochaine acquisition.

**Parole d'entrepreneur :**
**Jean-Paul Leveaux, P.-D.G. de ST Finance (imprimerie)**

### Réussir sa croissance externe

Il n'y a pas de conditions suffisantes pour réussir une croissance externe mais au moins trois conditions nécessaires ; l'enjeu stratégique, le prix et le pilotage de l'intégration de la cible dans le groupe.

L'enjeu stratégique doit être clair car il va devoir être partagé par tous ; actionnaires, banquiers, clients, salariés et même fournisseurs. Il doit être en cohérence avec la situation cible préalablement définie.

Le prix doit être celui de l'entreprise vendue et non celui de l'entreprise qu'elle va devenir grâce au rapprochement. Il faut éviter de payer son travail !

Le pilotage est essentiel à la réussite d'une croissance externe. Il faut donc :

> conserver un maximum d'énergie et éviter de la perdre dans les obstacles juridiques et fiscaux avant vente ;

> s'astreindre à observer et à écouter la nouvelle entreprise pendant les cent premiers jours suivant la vente ;

> décider d'un nombre réduit d'actions dont on est convaincu du succès immédiat et mesurable par tous afin d'obtenir la confiance des nouvelles équipes ;

> expliquer, associer les équipes « absorbantes » et faire en sorte qu'elles parrainent et non absorbent cette nouvelle filiale.

## LEVIER N° 6 : L'ACCOMPAGNEMENT DU CHANGEMENT

Vous venez de signer cette acquisition, et tout commence. Votre premier défi est de réussir la greffe sociale. On a vu des reprises échouer parce que les salariés refusaient de travailler pour leur ancien concurrent. Être entrepreneur, c'est regarder les défis sociaux en face, tenir un discours de vérité et traiter les situations qui doivent l'être.

Ne soyons pas naïfs, les collaborateurs de votre cible s'intéressent à l'impact que votre reprise aura sur eux et sur le travail. Qu'attend-on de moi ? Est-ce que des emplois vont être supprimés ? Est-ce que les modes de fonctionnement vont s'alourdir ? Il vous faut comprendre rapidement le fondement précis des résistances ou des doutes. Certains seront spécifiques à l'histoire de l'entité reprise : est-ce que l'entreprise survivra au départ d'un patron sur lequel reposait tout le commercial ? Va-t-on déménager pour la troisième fois en deux ans ?… Vous devez avoir une ligne et un plan de communication solides, et une ligne ouverte en permanence avec les représentants du personnel. Parallèlement, des réunions d'information en petits groupes (pourquoi pas le matin autour d'un café croissant ?) peuvent vous permettre de créer un dialogue plus ouvert. Il ne s'agit pas de prendre des engagements que vous ne pourriez pas tenir, mais de faire de la pédagogie. Les gens peuvent convenir de ne pas être d'accord mais ils ne peuvent pas accepter d'être ignorés.

Il vous faut identifier les leaders naturels au sein du management et les aborder particulièrement. Leur capacité d'influence est décisive dans l'accompagnement de la transformation. Inversement, les managers ont besoin de vous pour mieux gérer les réticences de leurs équipes. Impliquez-les et faites-le savoir ! Avec eux, soyez clair et sans ambages sur votre plan de déploiement opérationnel, en particulier sur le sujet précis d'une potentielle restructuration. N'avancez pas masqué.

Mettez-vous à l'écoute de ceux qui connaissent l'entreprise en profondeur, au sein de celle-ci mais aussi dans l'écosystème. Impliquez les spécialistes fonctionnels : les détails sont importants. Montrez-leur rapidement des signes de reconnaissance de leurs mérites : après tout, si vous avez acheté cette entreprise, c'est parce que vous y avez vu du potentiel, et derrière ce potentiel, il y a des visages. Développez vos qualités de leadership appréciatif : regardez ce qui permet aux individus de devenir encore meilleurs.

Identifiez ceux qui portent l'image de l'entreprise : assurez-vous qu'ils véhiculent les bons messages. Cela ne concerne pas que les cadres : par exemple, les personnes au standard sont un point de contact crucial de l'entreprise avec son écosystème.

Parfois, alors même que vous visez la compréhension mutuelle, l'appropriation de votre projet, la communication ne passe pas. À vous de rationaliser cette incompréhension et d'en identifier la source possible : un message mal formulé, un mode de communication en cascade qui déforme l'information, un biais personnel ou émotionnel fort… Sur le fond, n'essayez pas d'éluder ou d'avoir réponse à tout. On a toujours le droit de dire « Je ne sais pas ».

Ces éléments sont valables pour la cible mais aussi pour l'entreprise acheteuse. Quel sera l'impact de cette opération pour les collaborateurs historiques ? Eux aussi doivent pouvoir comprendre et porter le discours, et être accompagnés dans les changements d'organisation qui les concerneront.

## LEVIER N° 7 : UN SUIVI RIGOUREUX

Pas de projet de croissance externe, pas de valorisation d'une opération de croissance externe sans un suivi rigoureux. Ce suivi, conçu dès la phase de préparation (*cf.* supra) devra être planifié sur une période d'au moins dix-huit mois et il devra prendre en compte les aspects financiers mais aussi juridiques (garanties de passif, provisions), et l'état de la contribution réelle à votre plan stratégique (critères d'activité et de performance).

Sur les aspects chiffrés, c'est finalement assez simple : des prévisions budgétaires de rentabilité et de performance ont été arrêtées. L'avancée des synergies doit être mesurée pas à pas, sur la base d'indicateurs clairs, comparables et mesurables. Un comité de pilotage doit détecter les écarts éventuellement observés par rapport aux prévisions, et vous faire des propositions pour les combler.

Mais le suivi comporte aussi nombre d'éléments extrafinanciers qui relèvent de l'organisation, de la culture… Leur impact ne se verra pas tout de suite dans les chiffres, mais inévitablement à terme. Suivez les résultats attentivement et régulièrement. Pourquoi ne pas :

■ mettre en place un baromètre social ?

■ lancer un travail conjoint sur les valeurs du groupe ?

■ organiser un séminaire pour poser le projet commun ?

■ mettre en place des groupes de travail commun pour délivrer les synergies ?

■ lancer un concours sur la future identité visuelle ?

■ mettre en place un fonds commun de placement d'entreprise (FCPE) ou élargir le vôtre pour permettre à ceux qui le souhaitent d'investir dans le groupe ?

Votre leadership, ici encore, est clé : vous seul êtes le gardien d'un équilibre gagnant-gagnant essentiel à la réussite du rapprochement. Il faut créer un « vivre ensemble ». L'équipe s'élargit et chacun doit y trouver sa place, être fier de l'horizon nouveau et avoir envie de s'impliquer. La croissance externe est un enrichissement mais l'exécution des synergies et la communication continue sont indispensables pour qu'elle soit perçue comme telle.

##  CARNET DE ROUTE

### Croissance externe

Prenez quelques minutes pour vous demander ce que vous appliquez déjà dans votre entreprise, ce que vous pourriez développer ou mettre en place. Peut-être d'ailleurs pouvez-vous avoir cette discussion avec votre Codir ? Pensez à faire votre autodiagnostic en ligne[1]. Puis organisez-vous pour activer ce levier de croissance !

### Points forts

Si vous avez déjà réalisé une croissance externe, vous avez franchi le cap le plus difficile ! Sinon identifiez ceux qui, dans votre entourage, pourront être d'un conseil ou appui utile.

......................................................................

......................................................................

......................................................................

......................................................................

......................................................................

......................................................................

### Axes de progrès

Quelles capacités devez-vous renforcer pour faire de la croissance externe ? Si vous avez déjà réalisé une acquisition par le passé, faites le retour d'expérience : qu'est-ce qui aurait pu mieux se passer ?

......................................................................

......................................................................

---

1. www.carnetdecroissance.fr

..........................................................

..........................................................

..........................................................

..........................................................

## Décision

Par quoi commence-t-on ? Quel verrou à la croissance fait-on sauter ?

..........................................................

..........................................................

..........................................................

..........................................................

..........................................................

## Objectif

Ce peut être une cible précise mais aussi une démarche stratégique ou organisationnelle. Fixez 1 à 3 indicateurs, pas plus.

..........................................................

..........................................................

..........................................................

..........................................................

..........................................................

..........................................................

## Calendrier/Rétroplanning

Date de lancement ; date pour atteinte des objectifs. N'hésitez pas à caler des dates intermédiaires/points de rendez-vous.

.......................................................................................

.......................................................................................

.......................................................................................

.......................................................................................

.......................................................................................

## Responsable du projet

Évidemment vous allez être en première ligne sur beaucoup d'aspects. Mais vous avez besoin d'un bras droit : qui est votre haut potentiel sur ce sujet ?

.......................................................................................

.......................................................................................

.......................................................................................

.......................................................................................

.......................................................................................

## Contributeurs internes

Pensez aux compétences dont vous aurez besoin dans toutes les phases : ciblage, approche, négociation, intégration. Les contributeurs internes doivent tous être associés en amont.

.......................................................................................

.......................................................................................

.......................................................................................

..................................................................................

..................................................................................

## Contributeurs externes

Qui peut partager son expérience de la croissance externe ? Vous donner un regard extérieur sur votre stratégie d'acquisition ? Être en veille sur les cibles potentielles ? Vous appuyer dans la phase de négociation ?

..................................................................................

..................................................................................

..................................................................................

..................................................................................

..................................................................................

## Votre cible idéale

Listez ici les cibles si vous les avez déjà identifiées ; sinon reprenez votre plan stratégique et faites-en un portrait-robot aussi précis que possible.

..................................................................................

..................................................................................

..................................................................................

..................................................................................

..................................................................................

**C'est parti ! Vous avez activé un levier de croissance.**

**Vous pouvez passer au suivant !**

# CONSTRUIRE UNE CROISSANCE DURABLE : LES 5 PILIERS DU SUCCÈS

Vous avez décidé de doubler de taille, et vous avez en tête à ce stade plusieurs axes pour activer cette croissance, par l'innovation, la croissance externe, la performance commerciale et le développement international. Mais comment rassembler cela dans une vision limpide et puissante, et dans une stratégie priorisée ? Comment faire en sorte que ces intentions ne restent pas lettre morte ? Comment s'assurer que la croissance ainsi déclenchée sera forte et sa dynamique pérenne ?

La croissance saine, c'est la croissance durable. Nous vous proposons de prendre de la hauteur par rapport à votre entreprise et du recul par rapport à vous-même. Il s'agit de se poser une nouvelle fois les questions fondamentales, d'actualiser votre vision, de prioriser et… de se préparer, tel un sportif de haut niveau, à ce changement d'échelle !

La croissance est une transformation. Plus elle est forte, plus vous devez muscler votre entreprise. Doubler de taille implique un travail en profondeur sur les fondamentaux de l'entreprise et notamment :

- Sa gouvernance interne et externe : savoir s'entourer, inscrire le dirigeant et son entreprise dans un écosystème, est vital pour se développer, se transformer, et durer ; pour croître, activez votre « cerveau collectif » !

- Son capital humain, première ressource de toute PME : c'est votre trésor ; il vous faut attirer, fidéliser, mobiliser les talents et les énergies.

- Sa résilience interne : on construit l'avenir plus sereinement lorsque l'on est performant ; le renforcement et le maintien dans le temps de cette performance sont des enjeux essentiels du changement d'échelle.

- Son mode de financement : il s'agit de vous donner les moyens de votre ambition ; et de mettre du carburant dans le moteur.

Mais avant tout cela, arrêtons-nous sur une ressource stratégique : vous, dirigeant, et votre vision.

# CHAPITRE 5
# LA PRISE DE RECUL

## S'OFFRIR LE LUXE DE PENSER LOIN

> *« Reculez d'un pas et tout s'élargira spontanément. »*
>
> Proverbe chinois

> *« Pour aller de l'avant, il faut prendre du recul car prendre du recul, c'est prendre de l'élan. »*
>
> MC Solaar, rappeur français

Parlons de vous ! Tel un sportif de haut niveau, il faut vous préparer à ce saut de croissance : lucidité et énergie vous seront nécessaires pour transformer l'essai. Rien ne se fera sans vous et votre force d'entraînement. Et pourtant, vous êtes déjà sur tous les fronts.

Faire « encore plus » n'est pas une option : vous mettre dans le rouge ne rendra pas service à l'entreprise. Il faut faire différemment. Cela passe par un autre regard, une « vue d'hélicoptère », sur votre entreprise et sur vous-même. C'est prendre un moment pour la prise de recul.

Entendons-nous bien ici sur les mots : on ne vous parle pas de « tout lâcher » ! Mais si vous voulez emmener toutes vos troupes dans un projet de croissance pertinent et durable, il vous faut prendre ce temps de respiration qui vous permettra de repartir plus loin et plus fort.

Doubler de taille, ça commence par une prise de hauteur sur votre stratégie et votre positionnement en tant que leader.

## Quelques repères

- Les chefs d'entreprise souffrent d'avoir « le nez dans le guidon » : 44 % des chefs d'entreprise disent manquer de temps pour réfléchir à leur stratégie de développement[1].
- Le surinvestissement et l'isolement des dirigeants pèsent sur leur santé, et donc indirectement sur la performance de leur entreprise. Un dirigeant de PME sur six se trouve en état d'épuisement et est fortement exposé au risque de *burn-out*[2]. Les dirigeants de PME accumulent une dette de sommeil de 200 heures par an[3].
- La transmission n'est pas suffisamment anticipée : 48 % des patrons de PME ont 65 ans ou plus. Un peu plus d'un quart d'entre eux (26 %) ont entre 50 et 59 ans[4]. Une transmission sur 5 échoue dans les six ans[5].
- Et pourtant, pour 70 % des dirigeants de PME-ETI, l'objectif prioritaire est la pérennité de leur entreprise[6].
- Seulement 30 % des entreprises familiales survivent à la deuxième génération, 13 % à la troisième génération et 3 % au-delà[7]. Seulement 12 %

1. Étude American Express, Ipsos 2014.
2. Observatoire Amarok 2017.
3. Observatoire Amarok 2014.
4. Bpifrance, 2013.
5. Bpifrance « Transmettre pour grandir » publié en 2015 (https://www.bpifrance-lelab.fr/Analyses-Reflexions/Les-Travaux-du-Lab/Transmettre-pour-grandir)
6. Baromètre les entreprises familiales et la transmission, Deloitte 2017.
7. Ernst and Young, 2013.

des entreprises familiales françaises sont transmises à la génération suivante contre 50 % en Europe[1].



- La vraie prise de recul suppose des regards extérieurs bienveillants mais sans complaisance. Il s'agit de challenger votre vision, de réexaminer votre stratégie, d'accélérer ou d'arrêter certains projets et/ou de faire évoluer vos pratiques professionnelles et personnelles. Votre gouvernance et votre entourage sont clés en la matière et nous y reviendrons au chapitre suivant.
- « Ce qui se conçoit bien s'énonce aisément »... et se partage mieux ! La prise de recul est indispensable pour clarifier la stratégie, l'exprimer clairement et la rendre limpide aux yeux de toutes les parties prenantes. C'est essentiel pour embarquer tout le monde dans votre projet de croissance. Vous ne réussirez pas seul.
- Formaliser un plan stratégique, ce n'est pas un exercice bureaucratique. C'est donner à toute votre entreprise, à commencer par vous-même, la boussole dont elle a besoin pour avancer avec cohérence et force.
- La responsabilité sociale de l'entrepreneur, c'est d'anticiper la transmission de l'entreprise : c'est difficile bien sûr, car cela évoque un vide, une forme de mort avant la mort. Mais d'une part, transmission patrimoniale et transmission managériale peuvent être décorrélées ; d'autre part, ne pas le faire peut dans certains cas brider l'entreprise dans sa croissance, voire mettre en danger votre entreprise, et les emplois qu'elle a créés.
- Investir dans votre développement personnel, c'est rentable ! Se connaître soi-même, en tant que personne et en tant que dirigeant, est essentiel pour emmener toutes vos équipes dans un projet ambitieux de croissance. Valoriser son « actif » personnel renforce l'estime de soi et permet de rehausser son niveau d'ambition ; connaître sa personnalité permet de mieux gérer les autres et d'aller chercher les compétences complémentaires.

---

1. Étude de l'Edhec Family Business Center, novembre 2016.

- Comme en médecine chinoise, c'est quand tout va bien qu'il faut investir dans votre santé et votre hygiène de vie. Un leader est un sportif de haut niveau, qui sait gérer son énergie, et doit éviter les blessures.

## ■ 🏋 VOS LEVIERS

### LEVIER N° 1 : LA PRISE DE RECUL STRATÉGIQUE

#### Exprimez votre vision

La qualité de votre leadership se mesure à votre capacité à anticiper les tendances de fond de votre marché mais plus largement de la société – autrement dit de construire votre vision à dix ans. Comment les individus communiqueront, socialiseront, se distrairont, se déplaceront… Vous devez vous forger un avis à partir de vos échanges, de vos voyages, de votre perception des aspirations fondamentales de la société. Quelles sont vos croyances, vos convictions ? Vous devez prendre parti.

Cette vision sera le produit de vos lectures ou recherches, de vos intuitions mais aussi des échanges avec les personnes qui vous entourent. Vos idées sont hybridées, challengées, améliorées par celles des autres : cela vous développe à titre personnel, et alimente votre potentiel de croissance. N'écartez pas les thèses *a priori* farfelues : si elles sont exprimées, c'est qu'il y a un mouvement derrière – il est intéressant d'en comprendre les ressorts. Même si vous ne retenez pas l'idée, vous aurez appris quelque chose. Lorsque vous êtes en désaccord, essayez de prolonger la discussion pour comprendre les arguments de l'autre : cela vous aidera à construire votre propre argumentaire en réponse.

L'ouverture aux autres et la capacité à questionner les idées reçues sont fondamentales pour être agile dans un monde en mutation permanente.

 **Le saviez-vous ?**

Pour prendre de la hauteur, vous pouvez par exemple consulter les analyses existantes sur les « grandes tendances » (*Megatrends*) – qui sont au fond une manière de décrire les évolutions majeures qui vont déformer la société et par conséquent les marchés dans les quinze à vingt prochaines années. Ces *Megatrends* ont été décrits par plusieurs grands cabinets de conseils[1], qui en déduisent les opportunités majeures à saisir[2], y compris pour les PME, à condition de regarder de manière pragmatique lesquels peuvent faire sens au regard de votre stratégie. Ils se répartissent généralement autour de cinq grands thèmes[3] : démographie, mondialisation, épuisement des ressources, ruptures technologiques et nouveaux modèles de consommation.

Parlez-en avec :

- Vos actionnaires : qu'ils soient financiers ou familiaux, mieux vaut être sûr qu'ils partagent votre vision du monde si vous voulez qu'ils vous donnent les moyens de votre ambition ; valider cette vision avec eux facilitera l'adoption du plan stratégique.

- Votre conseil d'administration ou *advisory board*, qui peut vous apporter un regard neuf et contient peut-être des expertises/ points de vue complémentaires.

---

1. Voir par exemple Ernst and Young : http://www.ey.com/gl/en/issues/business-environment/ey-megatrends ou PwC : https://www.pwc.co.uk/issues/megatrends.html
2. Voir par exemple les marchés de plus d'un milliard d'euros par Oliver Wyman : http://www.oliverwyman.com/our-expertise/insights/2017/nov/perspectives-on-manufacturing-industries-vol-12/megatrends-and-the-future-of-industry/megatrends-and-the-future-of-industry.html
3. Voir par exemple « Transformer les Megatrends en croissance rentable » par Oliver Wyman, Ylios et Bpifrance Université : http://www.bpifrance.fr/A-la-une/Actualites/e-learning-alimentez-votre-reflexion-strategique-grace-aux-Megatrends-34841

- Vos équipes : pourquoi ne pas en faire un sujet de séminaire pour le comité de direction puis toutes les équipes ?
- Vos partenaires : partager la vision du marché avec ses fournisseurs et ses clients peut être très riche pour nourrir l'innovation et la performance commerciale ; cela renforcera aussi vos liens et évitera des malentendus.

Il ne s'agit pas simplement d'évoquer cette vision oralement, en passant. Sa formalisation est essentielle : elle permet de la visualiser, de faciliter son appropriation et sa diffusion. Ces convictions partagées seront autant de repères communs pour conforter la pertinence de votre stratégie, donner du sens et vous inscrire parmi les acteurs qui comptent sur votre marché.

Une vision claire s'exprime en peu de mots. On ne vous demande pas d'être Elon Musk ou Jack Ma ! Mais vos collaborateurs, vos clients, votre écosystème et les investisseurs attendent que vous partagiez vos convictions, des sensations avec lesquelles ils pourront entrer en résonance… ou en discussion ! Ils attendent que vous leur racontiez une histoire, avec des mots simples, mais des directions et quelques chiffres, peu nombreux qui fixent les idées, par exemple :

- Quelles sont les grandes tendances économiques, technologiques ou sociétales qui peuvent créer des opportunités pour votre entreprise ou au contraire bouleverser votre environnement/ votre marché ? Y a-t-il des prévisions chiffrées qui l'illustrent ?
- À quoi va ressembler votre client demain ? quelles seront ses valeurs et ses attentes ?
- À quoi va ressembler votre métier demain ? votre environnement demain ?
- D'où peuvent venir les ruptures majeures (les fameuses « disruptions ») ? Pouvez-vous avoir de nouveaux concurrents demain, avec des *business models* totalement différents ?

- Comment décrire la mission de votre entreprise dans ce contexte ? Quelle est sa « raison d'être » ?

- Quelles sont donc les directions dans lesquelles l'entreprise doit bouger ?

- Quels sont les objectifs que l'entreprise peut se fixer pour saisir ces opportunités et affronter efficacement ces défis ?

Prenez un peu de temps pour vous donner cette hauteur stratégique et noter les premières idées dans votre carnet de bord. Vous avez peut-être déjà fait l'exercice il y a quelque temps. N'hésitez pas à vous reposer ces questions au moins une fois par an. Revalider cette vision confortera tout le monde. L'infléchir sera le signe de votre agilité.

### Le coach « Impact Positif » 

En France, début 2018, le débat public a été intense autour de la loi Pacte (plan d'action pour la croissance et la transformation des entreprises) et du projet d'intégration au droit et aux statuts légaux de l'entreprise de la poursuite d'une mission sociétale dépassant le simple profit. Normalement, une entreprise pourra préciser cette raison d'être dans ses statuts, de manière optionnelle – et intégrer cela à sa gouvernance, pour mesurer régulièrement la façon dont elle remplit sa mission, communiquer ce bilan, etc.

Loi ou pas, cet exercice vous sera bénéfique à plusieurs points de vue : une enquête publiée dans *Les Échos*[1] a montré qu'au-delà de l'intégration de la RSE à la stratégie, 73 % des dirigeants considèrent que cet exercice améliore la marque employeur, 83 % pensent qu'il améliore l'image de l'entreprise auprès des clients, et 61 % croient que c'est un moyen de sauvegarder l'emploi en France.

Élisabeth Laville, fondatrice du cabinet spécialisé Utopies

---

1. Sondage Viavoice-HEC, réalisé par la société Prophil, février 2018, cité dans l'article « Une large majorité de patrons se disent favorables aux entreprises à mission », de Marie Bellan, *Les Échos*, 14/02/2018.

## Revisitez votre stratégie

De votre vision découlent logiquement votre plan stratégique et votre plan d'action. Vous pouvez maintenant commencer à « ranger » et à prioriser tous les axes de croissance que vous avez identifiés dans les précédents chapitres.

Pour que cette stratégie ne soit pas « hors-sol », soyez réaliste sur le point de départ et les conditions de succès des axes de croissance envisagés : faites votre autodiagnostic !

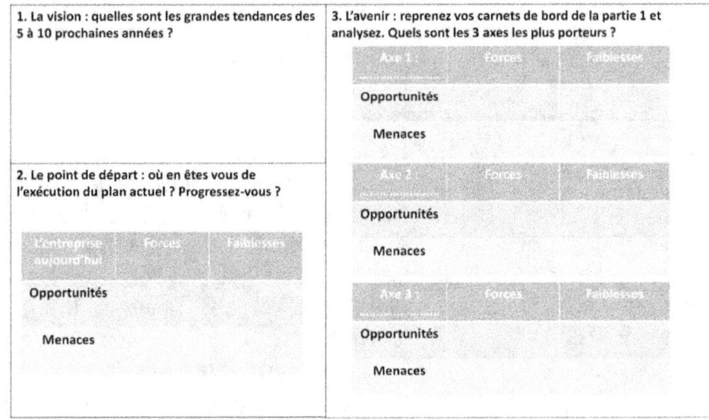


© Fanny Letier

**Figure 15 – Autodiagnostic stratégique**

Pour remplir cet autodiagnostic[1] et, notamment, pour évaluer votre capacité à lancer de nouveaux axes de croissance, posez-vous les questions de manière dynamique : quelles forces pouvez-vous mobiliser pour maximiser les opportunités et minimiser les menaces ?

---

1. Également disponible en ligne : www.carnetdecroissance.fr

Sur quelles faiblesses devez-vous travailler pour ne pas manquer ces opportunités et éviter d'être fragilisé par les menaces ?

Dans cet exercice, vous devrez surmonter trois principaux challenges :

- Le plus difficile sera de vous (re)poser la question des bonnes personnes pour mettre en œuvre votre croissance : le monde évolue, les technologies, les compétences, les pratiques du métier, et le *business model* aussi. Les personnes clés pour construire les succès de demain ne sont pas forcément les mêmes que celles qui ont fait le succès passé de l'entreprise. Même si ces dernières n'ont pas démérité, même si vous avez le sentiment qu'elles sont devenues de la famille…

- Fatalement, vous devrez abandonner certaines actions ou les déprioriser mais Steve Jobs le disait très bien : « Ce que vous décidez de ne pas faire est tout aussi important que ce que vous décidez de faire. » Vous avez appris des choses en examinant ces options et quand on vous posera la question de savoir pourquoi vous n'avez pas engagé ces actions, vous aurez des réponses convaincantes. Pour prioriser les opportunités, essayez de les chiffrer : quelles sont les perspectives d'accroissement du marché et quelle part pouvez-vous raisonnablement viser ?

- Le risque, lorsque l'on active plusieurs leviers de croissance concomitamment, est d'avoir plusieurs séries d'actions juxtaposées, locales, sans cohérence d'ensemble. Pour éviter cet écueil – un comble dans une PME ! – n'oubliez pas de rattacher chacune des actions à votre vision globale.

## Formalisez, pour mieux consulter, partager et embarquer

La formalisation de votre stratégie facilitera les consultations, vitales pour enrichir la réflexion et susciter l'adhésion :

- Les consultations internes à l'entreprise vous permettront de détecter les talents, les volontaires et faciliteront l'appropriation et la mise en œuvre.

- La consultation de vos actionnaires et de votre gouvernance vous permettra de vérifier leur alignement, facilitera les demandes éventuelles de moyens et vous exonérera plus facilement de reproches ultérieurs.

- Les consultations externes de vos proches, de votre réseau ou de consultants spécialisés vous nourriront avec des éléments nouveaux et vous donneront peut-être des idées de collaboration. Vous aurez aussi une idée des impacts que vous pouvez avoir sur votre environnement avec cette stratégie et pourrez travailler à l'accompagner.

Une stratégie n'est efficace que si elle est partagée et appropriée.

## Le mot du coach

### Comment aligner la famille sur la vision stratégique ?

Pour accélérer la croissance, il faut pouvoir s'appuyer sur un actionnariat stable et engagé. Dans les entreprises familiales, qui forment environ 80 % des ETI, cela nécessite que la famille soit alignée sur la vision stratégique du dirigeant. Comment y parvenir ?

La difficulté est que la famille est un cercle habitué à fonctionner selon des principes de communication implicites. Il est fréquent que des décisions soient prises sur la base de croyances qui ont fini par acquérir force de vérité, alors qu'elles n'ont jamais fait l'objet d'une discussion ouverte. Pour garantir l'alignement de l'actionnariat familial avec le projet de croissance, il est indispensable d'expliciter les objectifs du plan stratégique, pour valider que chacun lui apporte son soutien. Il faut aussi s'assurer que les enjeux financiers et patrimoniaux sont compris et acceptés, notamment en termes de risque et de liquidité.

Premier bon réflexe, établir le génorganigramme® qui donne une représentation visuelle de la famille, représentée par son arbre généalogique, de l'entreprise. Ensuite, il faut pouvoir mener des entretiens individuels et confidentiels avec chaque membre de la famille, qu'il soit ou non actif dans l'entreprise. Ces entretiens permettent de faire émerger le plus petit dénominateur commun d'un accord possible de tous. C'est le projet familial, qui doit être clarifié pour constituer le socle de la stratégie commune. Une fois ce projet validé, il peut être nécessaire d'élaborer et de mettre en œuvre des solutions juridiques et fiscales adaptées pour ajuster le périmètre de l'actionnariat et parfois aussi la gouvernance actionnariale.

Par exemple, si certains veulent de la liquidité à court ou moyen terme, il faut en tenir compte dans le financement recherché et prévoir les mécanismes appropriés. Si d'autres sont intéressés par le projet de croissance, il peut être opportun de modifier la gouvernance de l'entreprise pour leur donner un rôle et s'appuyer sur leurs compétences.

En la matière, souplesse, pédagogie, finesse psychologique, empathie et créativité technique sont les clés du succès !

Concrètement, trois recommandations pratiques :

> En famille, ne tenez jamais rien pour acquis : discutez !

> N'imposez rien, cherchez à affiner votre compréhension du besoin spécifique de chacun.

> Faites-vous assister par des professionnels qui vous aideront à faire émerger le projet familial et à imaginer les ajustements nécessaires pour le mettre en œuvre.

Valérie Tandeau de Marsac, avocate au barreau de Paris,<br>doctorante au CNAM pour une thèse sur le capital familial

## LEVIER N° 2 : LA PRISE DE RECUL SUR VOUS-MÊME

### Votre leadership et votre management

Sans que vous vous en rendiez forcément compte, l'exercice quotidien de votre rôle de dirigeant érode progressivement votre capacité de décision. En effet, être sollicité en permanence pour tout trancher, jusqu'au moindre détail, amoindrit votre faculté à prendre de bonnes décisions sur les choses importantes. Ce que l'on attend de vous, c'est d'imaginer des solutions en analysant les risques et d'organiser l'intelligence collective, d'anticiper en gardant son sang-froid.

Pour doubler de taille, il vous faut cultiver deux visages du management :

- Le savoir-faire managérial ou comment déléguer, impulser une culture d'entreprise, et fidéliser vos collaborateurs, vos clients, vos investisseurs…

- Le savoir-être managérial ou comment gérer son stress et développer ses compétences relationnelles. Ce savoir-être exige d'être capable de lâcher prise pour irriguer toute votre entreprise d'empathie, de bienveillance, de confiance et de sens.

Voici le moment de parler de vous. D'où partez-vous ? Avez-vous une vision claire de votre mode de management, de votre propre organisation ? Aimez-vous travailler dans l'urgence ou non ? Êtes-vous analytique ou synthétique ?

 **Le saviez-vous ?**

Le MBTI® (Myers Briggs Type Indicator) définit 16 profils types qui vous permettent de comprendre votre mode de fonctionnement, de communication, d'interaction au quotidien et dans les périodes de stress. Il définit votre zone de confort et votre zone d'effort. Ce test est très utile pour prendre du recul sur votre propre mode de fonctionnement, mais aussi pour optimiser les relations bilatérales ou au sein d'un groupe. Vous identifiez les modes de fonctionnement de chacun et êtes plus à même de mener des négociations en fonction du point de vue et des réactions de l'autre. Environ 2 millions de personnes effectuent ce test chaque année.

Concrètement : qu'est-ce que votre leadership et à quoi doit-il vous servir ? C'est tout simplement votre capacité à influencer votre écosystème pour :

- Atteindre un but commun : vision et objectifs.

- Fédérer un collectif : communication, adhésion et motivation.

- Donner du sens, c'est-à-dire expliquer les enjeux, rendre chacun fier de pouvoir y contribuer.

- Réconcilier les objectifs de court terme avec la vision à long terme.

- Construire une confiance mutuelle par la légitimité et l'exemplarité.

- Favoriser, sur une durée limitée et un périmètre défini, la responsabilisation, l'engagement et la montée en compétences de vos équipes.

La littérature distingue trois grands types de leader :

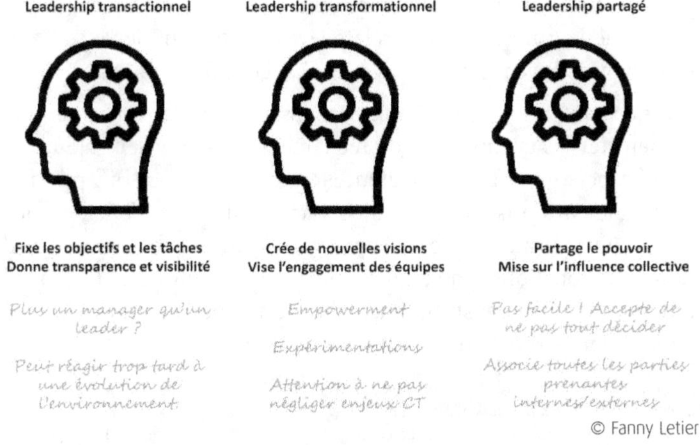


**Figure 16 – Les trois grands types de leader**

La vraie vie, c'est qu'aucun style n'est pur et que vous devez, au quotidien, alterner entre ces trois types de leadership. Chaque style a son efficacité. Soyez conscient du style dominant chez vous et efforcez-vous de mobiliser les autres à bon escient, en fonction des situations et des collaborateurs. Dans tous les cas, visez à impulser une culture de l'entraide et la recherche permanente de solutions communes. C'est l'une des démarches les plus efficaces et les plus durables pour vous faire gagner du temps et de la disponibilité mentale.

L'un des grands enjeux de votre leadership vise à motiver et à fidéliser vos talents. Les Français voient l'entreprise comme un lieu de formation, de création, d'innovation et de transmission. 72 % d'entre eux attendent d'elle qu'elle forme les salariés aux compétences de demain[1]. La fameuse pyramide de Maslow[2] évoquait déjà en 1943 l'importance, pour les individus, de s'accomplir. Aujourd'hui, certains comme Dan Ariely[3] affirment que l'argent est le moyen le plus coûteux de motiver les gens au travail… Vos talents resteront s'ils apprennent, s'ils progressent et s'ils trouvent leur autonomie, une voie vers l'excellence, et le sens de leur mission. Tout cela relève directement de votre leadership. Nous y reviendrons au chapitre 7 « Le capital humain ».

Dans ce contexte, le leadership, c'est aussi la manière que vous aurez de détecter les talents et/ou de rechercher la vraie valeur ajoutée de chaque personne. Les compétences et les talents ne sont pas figés. Dans une entreprise de croissance, par définition en déficit de capital humain permanent, oser faire évoluer un collaborateur vers de nouvelles fonctions, parce que son savoir-être et/ou ses passions le rendent évolutif, constitue une prise de risque mais aussi un véritable levier de croissance.

---

1. Étude Elabe pour *Le Parisien* et l'Institut de l'entreprise, 2018.
2. *A Theory of Human Motivation*, Abraham Maslow, 1943.
3. Dan Ariely est professeur d'économie comportementale. Voir par exemple : https://www.ted.com/talks/dan_ariely_what_makes_us_feel_good_about_our_work?language=fr

### Évitez les biais dans vos prises de décision

> La surconfiance : surestimer ses capacités.

> L'ancrage : utiliser une seule information comme référence, généralement la première information dont on a eu connaissance sur un sujet.

> La confirmation : ne valider implicitement que les informations qui vont dans le sens de ses propres convictions ou conclusions.

> L'engagement : ne pas reconnaître ses erreurs, rester dans une situation défavorable par peur de perdre l'investissement réalisé.

> L'aversion au risque : biais culturel... de la majorité des Français !

> Essayez d'identifier vos biais et d'en être conscient au moment des choix.

## Votre situation personnelle

La culture et la performance de votre entreprise dépendent plus fortement de vos propres conditions de vie que vous ne le croyez. Face à la masse de travail, les ambitions à porter et la responsabilité des emplois, les dirigeants de PME rechignent à s'écouter. Et pourtant, quand on dirige une entreprise, quand on négocie un contrat, quand on veut convaincre un investisseur, il faut être en forme. Cela veut dire être reposé, s'être correctement alimenté, avoir pu s'aérer l'esprit dans les semaines précédentes, avoir pu se concentrer sur ses propres sensations… Autant d'éléments d'intendance que les dirigeants traitent souvent – à tort – par le mépris.

Trop de patrons de PME perdent de leur capacité d'anticipation et de décision parce qu'ils ont trop tiré sur la corde. Ils ont trop réduit leur nombre d'heures de sommeil, trop sacrifié de leur vie familiale et émotionnelle.

Prenez quelques minutes. Êtes-vous en mesure d'évaluer aujourd'hui :

- Votre niveau de fatigue : d'ailleurs, savez-vous repérer vos signaux de fatigue ?

- Votre hygiène de vie : quels sont vos « trucs » pour vous ressourcer et en usez-vous suffisamment ?

- Votre confiance en vous et votre capacité à communiquer cette confiance ?

- Votre sensibilité aux émotions des autres : souffrez-vous de leurs émotions ? Pouvez-vous à l'inverse paraître comme indifférent ?

- Votre sentiment d'isolement ou au contraire d'être entouré ? Avez-vous des « personnes ressources » pour vous servir de mentors ou de *sparring partners* ?

- Vos motivations : que signifie « réussir » pour vous ? Êtes-vous guidé principalement par le profit ou le sens ?

© Fanny Letier, schéma inspiré de « Maslow et startups », 1001 startups.

**Figure 17 – Maslow et entrepreneurs : autodiagnostic**

Et pour l'avenir, avez-vous analysé vos aspirations ? Qu'allez-vous faire dans les prochaines années ? À quel moment pensez-vous passer la main et qu'allez-vous faire ensuite ? Peut-être que pour vous, la transmission est tout simplement synonyme de mort. Mais il y a d'autres libertés à découvrir, d'autres passions ou besoins à assouvir ; il y a une vie après l'entreprise, si on la prépare bien !

## LEVIER N° 3 : LA PRISE DE HAUTEUR SUR L'AVENIR DE L'ENTREPRISE

Au fond, vous avez le devoir de préparer votre transmission. C'est votre responsabilité sociale, et peut-être familiale. Chaque année, 300 PME « saines » disparaissent faute de repreneur[1]. Et des entreprises perdent leur indépendance ou leur caractère familial parce que le dirigeant n'a pas su anticiper la transmission. De fait, d'après Bpifrance[2], il ne faut pas moins de dix ans pour préparer une transmission, dans sa triple dimension : patrimoniale, managériale et technique.

Bien sûr, c'est un sujet difficile à évoquer : vous ne vous voyez pas faire autre chose et vous avez peur de la réaction de vos équipes. Mais l'entreprise va vous survivre, et l'activité et les emplois qu'elle génère sont en jeu. Et ces mêmes équipes qui vous jugent aujourd'hui irremplaçables vous en voudront de ne pas avoir été prévoyant.

Sur le plan managérial, l'élaboration de plans de succession managériaux à court et moyen terme est un impératif, pour vous et pour chaque membre de l'équipe de direction ou personnes clés. Que se passe-t-il si demain vous passez sous un train ? Il vous faut un plan de succession managérial de court terme pour parer aux cas d'urgence. Êtes-vous sûr qu'à moyen terme, vous serez toujours le bon dirigeant pour une société dont les enjeux auront évolué ?

---

1. Étude BPCE « Les carnets 2015. La cession-transmission des PME », 2015.
2. « Transmettre pour grandir, les dirigeants d'ETI patrimoniales face à la transmission », Bpifrance, 2015.

Posez-vous rapidement et objectivement la question des compétences nécessaires pour le développement ou la transformation de votre entreprise au vu du plan stratégique que vous êtes en train d'élaborer.

Rappelez-vous que vos casquettes d'actionnaire et de dirigeant peuvent être dissociées. Vous pouvez conserver l'entreprise dans le patrimoine familial tout en recrutant un directeur général pour vous appuyer dans les nouveaux développements. Vous pouvez à l'inverse considérer que vous êtes encore le meilleur dirigeant pour cette entreprise, mais qu'il vous faut un accompagnement capitalistique et un soutien extérieur pour atteindre votre plein potentiel, et donc ouvrir votre capital. Le timing de la transmission patrimoniale n'est pas forcément celui de la transmission managériale, même si les deux doivent être pensés dans une stratégie de long terme cohérente.

Être entrepreneur, c'est savoir pérenniser sa société en s'assurant qu'elle a, à tout moment, les moyens financiers, managériaux et techniques adéquats pour répondre aux défis futurs. Préparer sa transmission, c'est lui donner l'agilité capitalistique, managériale, humaine et technique, pour perpétuer l'entreprise à travers les générations.

 **CARNET DE ROUTE**

## Prise de recul

Prenez quelques minutes ou quelques heures pour prendre du recul sur votre stratégie et sur vous-même :

### Votre vision à 5-10 ans

Quelles sont vos convictions sur les évolutions de la société, des technologies, du marché dans le champ d'influence de votre entreprise ?

.................................................................................................

.................................................................................................

.................................................................................................

.................................................................................................

### Mission de votre entreprise

À quels besoins répond votre entreprise ?

.................................................................................................

.................................................................................................

.................................................................................................

.................................................................................................

### Valeurs

Quels sont les sujets sur lesquels vous ne ferez pas de compromis ?

.................................................................................................

.................................................................................................

.................................................................................................

## Documents de référence sur votre stratégie

Avez-vous formalisé votre stratégie ?

..........................................................................................

..........................................................................................

..........................................................................................

..........................................................................................

..........................................................................................

..........................................................................................

## Diagnostic à ce jour

Mettez-vous en œuvre efficacement cette stratégie ? Sinon pourquoi ?

..........................................................................................

..........................................................................................

..........................................................................................

..........................................................................................

..........................................................................................

..........................................................................................

## Décisions sur la stratégie

Le travail sur la vision vous conduit-il à infléchir/revoir votre stratégie ?

..........................................................................................

..........................................................................................

..........................................................................................

...................................................................

...................................................................

## Axes de croissance prioritaire

Listez ici et priorisez les axes identifiés dans les chapitres précédents. Visez l'impact maximal. Pour chacun il vous faudra un plan d'action (avec calendrier et indicateurs chiffrés) et un plan de pilotage (allocation des moyens).

...................................................................

...................................................................

...................................................................

...................................................................

...................................................................

## Axes de transformation prioritaire

Que faut-il changer pour croître ? Passer un nouveau palier ? Pour chacun des axes il vous faudra un plan d'action (avec calendrier et indicateurs chiffrés) et un plan de pilotage (allocation des moyens). La lecture des prochains chapitres pourra vous aider à enrichir cette partie.

...................................................................

...................................................................

...................................................................

...................................................................

...................................................................

**Autodiagnostic personnel**

Quels changements envisagez-vous d'appliquer à votre positionnement, votre management, votre mode de vie ?

...................................................................................................

...................................................................................................

...................................................................................................

...................................................................................................

...................................................................................................

...................................................................................................

**Plan de succession**

Comment voyez-vous la transmission patrimoniale (actionnariat) ? La transmission managériale (pour vous et votre Codir) ?
La transmission technique/technologique (le cas échéant) ? Et à
quel horizon sur chacun des 3 sujets ?

...................................................................................................

...................................................................................................

...................................................................................................

...................................................................................................

...................................................................................................

...................................................................................................

**Avec ce chapitre, vous avez fait un pas
vers la croissance durable.**

**Vous pouvez passer au suivant !**

# CHAPITRE 6

# SAVOIR S'ENTOURER

## ACTIVEZ VOTRE « CERVEAU COLLECTIF » !

> *« Le travail d'équipe permet à des personnes ordinaires*
> *de faire des choses extraordinaires. »*

Andrew Carnegie, industriel et philanthrope écossais naturalisé américain (1835-1919)

Un entrepreneur est une personne extraordinaire, mais ce n'est pas un surhomme. Il ne peut pas affronter seul la complexité de son environnement réglementaire, le rythme des mutations technologiques, l'accélération de la concurrence et l'émergence de nouveaux modèles d'affaires.

Dans la PME, la proximité humaine avec les équipes amplifie les tensions émotionnelles internes du dirigeant qui trop souvent « prend sur lui », parce qu'il veut protéger sa vie de famille et ne veut pas déverser son stress sur ses proches, parce qu'il veut préserver ses salariés de ces débats, pour ne pas les distraire, créer de l'incertitude ou les démobiliser, parce qu'il n'imagine pas en parler à ses financeurs, pour ne pas les effrayer.

S'il est vrai que certains dirigeants démontrent une résilience phénoménale face à ces tensions, pour la plupart, l'hyperpersonnalisation de l'entreprise ne sera pas viable à terme. Elle bride la capacité d'initiative et finira par affecter les performances de l'entreprise et la santé du dirigeant[1].

Doubler de taille suppose de créer autour de vous la *dream team* et le « réseau social » : énergie et intelligence collectives sont de formidables boosters de croissance.

 **Quelques repères**

- Trois dirigeants sur 4 de PME/d'ETI aspirent à être plus et mieux entourés et 45 % des dirigeants de PME/ETI se sentent même isolés[2].
- Les dirigeantes ne sont pas moins isolées que les dirigeants. Une sur 2 se considère isolée et cela alors même qu'elles partagent plus souvent la direction (49 % contre 37 % chez les dirigeants).
- La gouvernance des ETI et des entreprises familiales évolue rapidement[3]. 64 % ont un administrateur indépendant en 2016 contre 48 % en 2015, 23 % ont un ou plusieurs administrateurs salariés.
- Les PME sont rétives au conseil. 65 % des PME et des TPE ne font pas appel au conseil de façon récurrente et 50 % d'entre elles n'ont même jamais fait appel au conseil[4].

 **Enjeux et convictions**

- Un bon comité de direction, c'est un « cerveau collectif » qui peut démultiplier l'ampleur et la vitesse de votre croissance. Vous avez sûrement autour de vous des hommes et des femmes que vous considérez comme des

---

1. Voir notamment les travaux d'Olivier Torres et d'Amarok : http://www.observatoire-amarok.net
2. Bpifrance, « Vaincre les solitudes du dirigeant », 2016.
3. Baromètre APIA/FBN/METI, 2016.
4. Étude CSA pour CICF Management, 2012.

personnes clés. Mais avez-vous une équipe de direction ? Pour doubler de taille, utilisez le levier de la performance collective.

- La gouvernance, ce n'est pas réservé au CAC 40. Elle constitue un levier encore trop peu utilisé par les PME et les ETI. Bien sûr, elle doit être proportionnée aux enjeux et à la taille d'entreprise. L'essentiel est d'avoir un lieu pour l'aider à analyser les disruptions technologiques, les évolutions concurrentielles, les dynamiques de marché qui peuvent l'affecter, mais aussi les opportunités à saisir, et anticiper le coup d'après. Cela suppose d'avoir la diversité de points de vue qui enrichit la prise de décision.

- La gouvernance est fondamentalement ce qu'un dirigeant en fait, ce que chaque administrateur en fait. Si elle s'inscrit dans la proximité, le soutien et l'ambition de l'entreprise, si elle pousse à la prise de recul stratégique, alors elle peut être un véritable aiguillon de la transformation et de la croissance.

- L'aversion des chefs d'entreprise à s'entourer de conseils est un frein à la croissance. Bien sélectionnés et bien pilotés, des consultants peuvent vous aider à accélérer la mise en œuvre de votre stratégie.

- Le collectif rend plus fort : vous n'êtes pas seul à prendre des risques, à vous interroger. Les réseaux, le mentorat et autres programmes d'accompagnement sont autant d'éléments grâce auxquels vous vous enrichirez de l'expérience des autres, et formerez peut-être des projets communs et prendrez confiance. Regardez les Allemands, les Italiens... jouer collectif vous fera gagner des points de croissance !

## ■ VOS LEVIERS

### LEVIER N° 1 : L'ÉQUIPE DIRIGEANTE — LE COMITÉ DE DIRECTION

Un « comité de direction »... ça vous fait peut-être peur : vous pensez à quelque chose de bureaucratique, vous pensez sans doute que c'est réservé aux grands groupes. Alors disons que vous allez mettre en place une *dream team* et faire des réunions d'équipe. Vous pouvez l'appeler le G4 ou le G6... C'est tout simple, mais cela peut faire de grandes choses.

### Composez votre *dream team* comme un sélectionneur sportif !

Le premier rôle du Codir, c'est d'embarquer l'ensemble des salariés dans votre projet de croissance. C'est pourquoi le choix de ses membres est fondamental.

Il vous faut avant tout des personnes qui incarnent l'avenir. C'est parfois un choix difficile pour eux comme pour vous, mais les hommes qui ont fait les succès passés ne sont pas nécessairement, en tout cas pas automatiquement, le bon choix.

Ces personnes ne doivent pas être trop nombreuses (3 ou 4 peuvent suffire ; 6 à 8 est un maximum) et chacune doit vous apporter une réelle valeur ajoutée et/ou vous permettre de déléguer. Veillez aussi à assurer la diversité de votre équipe, qui est facteur de performance. Cette diversité s'exprime en termes de sexe, d'âge mais aussi de compétences. La compétence RH est importante pour vous faire remonter les signaux faibles et favoriser la cohésion du Codir.

La personnalité de vos membres de Codir est fondamentale. Bien sûr les compétences techniques et managériales sont importantes, mais il faut veiller également au partage sincère de vos valeurs, l'engagement et l'esprit d'équipe. La confiance et la discrétion sont indispensables, puisque l'on va y échanger des informations confidentielles. Dans un Codir, il faut être capable de reléguer son ego au second plan. Il faut pouvoir être solidaire de toutes les décisions prises, même lorsque l'on n'était pas d'accord au départ.

Un Codir n'est pas une collection de personnalités : c'est une équipe. La différence, c'est la confiance et l'interdépendance. Un membre de Codir s'intéresse au fonctionnement des autres services et s'implique dans leur réussite au service de l'intérêt collectif. Vous ne pouvez pas laisser la concurrence s'installer. Pour cimenter votre équipe, il peut être utile de donner à vos membres du Codir des objectifs communs, d'aborder régulièrement des chantiers transverses et de construire les ordres du jour afin que chaque responsable partage ses problématiques régulièrement.

Un comité de direction, ce n'est pas le conseil du roi ou une chambre d'enregistrement. Acceptez d'être « challengé », avec bienveillance mais sans complaisance. Vous ne voulez pas de béni-oui-oui mais des personnes qui apporteront des convictions et des retours terrain. Pensez plutôt aux chevaliers de la Table ronde où Arthur siège parmi ses pairs. Idéalement, il faut avoir tellement confiance en eux que vous pourriez leur laisser la possibilité de décider sans vous.

## Faites du Codir votre « cerveau collectif »

 **Le saviez-vous ?**

Le journaliste Napoleon Hill a étudié pendant vingt ans plus de 500 personnes ayant fait fortune, avant de publier en 1937 son best-seller *Réfléchissez et devenez riche* (*Think and Grow Rich*). Parmi les leviers de succès identifié : le « cerveau collectif », *mastermind*. Lorsque deux esprits travaillent ensemble en vue d'atteindre un but précis, ils libèrent plus d'énergie que par simple addition de leurs efforts individuels, c'est le fruit de leur synergie.

Cette conviction est celle du sidérurgiste Andrew Carnegie : « Nous avons ici, dans cette entreprise, un cerveau. Ce n'est pas mon esprit […], mais la somme de tous ces esprits que j'ai rassemblés autour de moi qui constitue un esprit maître dans le secteur de l'acier. »

Un Codir est un lieu de co-construction de la stratégie et de prises de décisions partagées. Le simple fait d'instaurer une discussion collective démultiplie la créativité du groupe, augmente la confiance de chacun des membres, mutualise l'information et les formes d'intelligence, et *in fine* aboutit à de meilleures décisions.

Il facilite l'appropriation de la stratégie. On ne se donne pas à 100 % parce qu'un patron le demande. On se donne à fond pour réaliser une stratégie que l'on a fait sienne, parce que la direction et le chemin vous paraissent justes. Si votre Codir s'approprie la stratégie, ses membres la porteront et la diffuseront en interne.

La *dream team* doit s'imposer en interne comme un agent de la croissance, en plus de votre impulsion propre. Le Codir doit vous appuyer dans la diffusion et la mise en œuvre de la stratégie. Si vous les aidez à progresser, les membres du Codir peuvent accompagner les changements nécessaires en interne – par exemple en étant sponsors de « groupes projets ».

| Responsabilité | Fréquence | Effectivité | Prises de parole | Discipline |
| --- | --- | --- | --- | --- |
| Instance de décision ou de consultation ?<br><br>Ordre du jour : points pour décision, information, échange de vues<br><br>*Éviter le syndrome « chambre d'enregistrement »* | Fréquence adaptée au rythme de l'entreprise<br><br>Agenda annuel prévisionnel<br><br>*Essayer de s'y tenir !* | Tableau de bord – suivi des plans d'actions<br><br>*Préparation amont de rigueur !*<br><br>Bilan annuel<br><br>*Évaluation 360° ?* | Synthétiques, avec propositions opérationnelles<br><br>Équilibre des prises de parole<br><br>*Chacun peut s'exprimer sur tout*<br><br>*Éviter les monologues du président* ☺ | Respect ordre du jour et durée<br><br>*Pas de smartphone !* ☺<br><br>Ponctualité et assiduité<br><br>Comptes rendus opérationnels avec un responsable du suivi<br><br>*Qui rédige ?* |

© Fanny Letier

**Figure 18 – Quelle charte pour votre Codir ?**

Le Codir sera ainsi un outil de décloisonnement de votre entreprise. Un Codir soudé renforce la compréhension mutuelle, avec des répercussions immédiates sur le bien-être de l'ensemble des salariés.

Il doit vous aider à décider mieux et plus vite. Si la parole est libre, il permet de mieux capter les signaux internes et externes qui impactent l'entreprise. C'est un lieu utile pour résoudre les conflits et les difficultés.

Communiquer sur la mise en place ou le renforcement d'un Codir, c'est rendre tangible votre intention de doubler de taille. Le seul écueil serait de laisser les membres du Codir s'enfermer dans une tour d'ivoire : ce ne sont pas des « super-chefs » !

 **Le saviez-vous ?**

Le management visuel consiste à faciliter l'environnement de travail (affichage) pour permettre une meilleure appropriation des sujets et la tenue de réunions courtes de l'ordre de 15 à 20 minutes. Il permet de saisir les tâches mais aussi la trajectoire en un clin d'œil. Il donne la possibilité à chacun de se positionner dans un collectif. Pourquoi ne pas instaurer un management visuel au sein de votre comité de direction ?

## LEVIER N° 2 : LA GOUVERNANCE

Quand on parle de gouvernance, on ne parle pas forcément de contrôle ou de procédures ! Il s'agit d'abord de créer un collectif composé d'alliés de l'entreprise, engagés à ses côtés pour l'aider à réussir. Ce collectif doit être bienveillant, capable d'une grande proximité, mais exigeant et centré sur les ambitions de l'entreprise.

Il n'existe pas de recette magique. À chaque entreprise de déterminer la bonne forme de gouvernance pour elle. L'important, c'est de créer une dynamique de prise de recul régulière et de s'entourer de personnes extérieures pour s'ouvrir à de nouvelles idées et compétences.

### Façonnez une gouvernance en fonction de vos objectifs

Dans les PME et les ETI, la gouvernance sert à :

- travailler la stratégie et son adéquation par rapport à la réalité de l'entreprise et les attentes des parties prenantes ;

- accompagner le dirigeant sur la mise en œuvre de la stratégie, par exemple en veillant à la présence des talents, à la cohérence de l'organigramme, mais aussi aux enjeux de pérennisation et de transmission ;

- anticiper et à évaluer les risques ;

- vérifier la fiabilité des comptes, voire à valider les comptes.

La gouvernance aide aussi le dirigeant à prendre des décisions éclairées, et peut s'appuyer pour cela sur la grille de lecture ou « boussole » élaborée par l'APIA :

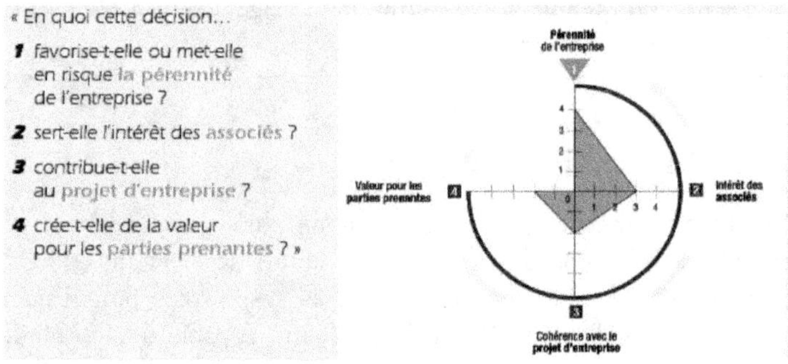


Source : APIA

**Figure 19 – Boussole de gouvernance**

## Le coach « Impact Positif »

Pour nourrir vos réflexions stratégiques, mettez le sujet de la RSE à l'ordre du jour de vos réunions de conseils ou, mieux encore, intégrez des personnalités spécialistes de ce sujet à votre gouvernance.

Cela vous aidera à mener une veille active et internationale sur les enjeux prioritaires et leur évolution, et sur les initiatives responsables dont vous pouvez vous inspirer sur votre marché.

Élisabeth Laville, fondatrice du cabinet spécialisé Utopies

## La gouvernance informelle :
## l'*advisory board* ou le conseil des sages

L'*advisory board* est un groupe de personnes désignées par l'entreprise pour lui apporter des conseils sur la gestion et la stratégie. Son rôle est consultatif. C'est le chef d'entreprise qui décide délibérément de s'entourer de personnes dont la compétence et l'expérience lui permettent d'avoir une meilleure appréhension des risques, des solutions et des opportunités. La composition dépend étroitement de la perception de ses besoins et d'expertises qui sont complémentaires aux siennes. *In fine*, l'*advisory board* doit lui permettre d'élargir sa vision et d'aller plus vite ! Pourquoi s'en priver ?

Pour constituer un *board* efficace, deux maîtres mots : bienveillance et diversité. Retraités, chefs d'entreprise, consultants, startuppers… L'objectif est de composer un tableau varié pour vous aider à mieux appréhender différents aspects des risques et des décisions à prendre. Vous devez vous assurer que les membres sauront s'impliquer, dire tout haut ce qu'ils pensent tout bas, sans tergiverser mais avec bienveillance.

### Le mot du coach

#### L'*advisory board* ou la gouvernance utile

Les PME et les ETI ont besoin d'une gouvernance utile, « libre », construite au fil du temps. L'important pour elles est de distinguer progressivement la dimension stratégique de la dimension opérationnelle, et pas de disposer dès le premier jour d'un conseil d'administration formel doté de trois comités et d'un règlement intérieur.

La mise en place d'un *advisory board* répond à cette préoccupation de professionnalisation progressive. Hommes et femmes d'expérience, le plus souvent rémunérés, ses membres « challengent » les dirigeants avec bienveillance mais fermeté sur les thèmes structurants, comme la stratégie, les ressources humaines permettant de mettre en œuvre ladite stratégie, le développement international, la transformation digitale ou le pilotage des risques. Ils l'aident à prendre suffisamment de recul par rapport au Codir, ce dernier ne pouvant et ne devant pas simultanément élaborer une stratégie, la mettre en œuvre et contrôler son exécution.

L'*advisory board* est le prédécesseur d'un conseil d'administration sans en avoir les contraintes. Il n'a pas de personnalité morale, mais son rôle s'inscrit dans la durée. Il est le plus souvent mentionné dans les statuts (cas des SAS) et précisé dans le règlement intérieur dont il se dote pour organiser son fonctionnement (agenda, documentation, groupes de travail, comptes rendus...). Il ressemble à la structure allemande du *Beirat*, ayant favorisé le succès de tant d'entreprises du *Mittelstand*. Ses membres n'exercent et n'encourent aucune responsabilité – sauf immixtion vivement déconseillée dans la gestion. Ce sont des partenaires de réflexion.

La mise en place d'un *advisory board* n'est ainsi pas seulement la première étape de la mise en place d'une gouvernance utile. C'est surtout l'assurance de disposer des compétences et du soutien nécessaires pour élaborer et réussir un projet stratégique, portant par exemple sur le doublement rentable du chiffre d'affaires.

Pascal Viénot, Associés en gouvernance

## La gouvernance formelle : le conseil d'administration ou conseil de surveillance

Vous devrez peut-être, à un certain stade, envisager une gouvernance formelle. Si votre société est constituée sous la forme d'une SA vous serez obligé de choisir entre un conseil de surveillance ou un conseil d'administration. De prime abord, les deux solutions semblent assez distinctes :

- Le conseil de surveillance a pour mission exclusive le contrôle de la régularité et de l'opportunité de la gestion du directoire, assortie d'un pouvoir d'autorisation préalable de certaines opérations prévues par les statuts et/ou le règlement intérieur (cessions d'actifs, acquisitions, cautions, par exemple). Il valide les orientations stratégiques, mais ne les élabore pas. Dans ce schéma, le directoire est l'organe collégial de gestion opérationnelle, il exerce les fonctions de direction par l'intermédiaire de son président.

- Le conseil d'administration a des pouvoirs plus étendus ; il détermine les orientations de l'activité de la société et veille à leur mise en œuvre par le président du conseil et le ou les directeurs généraux. Ses membres participent donc à l'élaboration de la politique générale de la société que la direction générale aura la charge de mettre en œuvre.

Dans la pratique, selon l'Institut français des administrateurs (IFA), « il existe une convergence forte entre les deux formes de sociétés anonymes ». En effet, la stratégie est le plus souvent discutée et adoptée par le conseil d'administration ou le conseil de surveillance sur la proposition du directeur général ou du directoire.

Si la société est constituée sous une autre forme juridique (SAS principalement) vous disposez d'une très grande liberté pour organiser le mode de fonctionnement de la gouvernance et ses pouvoirs. Vous pouvez rester dans la gouvernance informelle (*advisory board* – *cf.* supra) ou créer une gouvernance statutaire avec par exemple un comité de surveillance qui sera proche d'un conseil d'administration ou d'un conseil de surveillance d'une SA, ou bien un comité *ad hoc* : comité stratégique, comité de suivi, comité de gouvernance… Attention néanmoins à ne pas multiplier ces organes au risque *in fine* de bloquer la gouvernance et les prises de décisions.

Quel que soit le formalisme de cette gouvernance, tirez le meilleur profit de cette contrainte en l'alignant avec vos défis présents et la trajectoire que vous imaginez pour votre entreprise !

S'agissant de la composition du conseil, la présence d'un ou de plusieurs administrateurs indépendants est précieuse. Choisi pour son niveau de compétence, il aura assez d'extériorité pour soulever les points de difficultés. C'est aussi un médiateur possible dans les oppositions et les débats avec les actionnaires.

Surtout, il faut que vos administrateurs disposent d'un peu de « bande passante » pour vous entourer. Parfois la réponse n'est pas loin : n'y a-t-il pas dans votre région ou dans votre club d'entrepreneurs, un chef d'entreprise qui vous inspire confiance et que vous pourriez coopter à votre *board* ?

### Les recommandations de L'APIA

> Nommer entre 4 et 10 membres au conseil d'administration,

> pour un mandat de 3 à 5 ans,

> pour 6 à 20 jours d'engagement annuel,

> avec un âge moyen des membres inférieur à 65 ans.

> Avoir au minimum 30 % de membres externes.

> Avoir entre 4 et 10 conseils par an.

## La gouvernance familiale

Formulation de la stratégie, innovation, digitalisation… Ces défis supposent d'en résoudre un autre : être capable d'aligner toute la famille sur une même vision ou savoir gérer les divergences. Or, l'entreprise de première génération, soudée autour d'une cellule familiale rapprochée, se complexifie fortement au fil du temps. Les successions font cohabiter des membres plus éloignés de la famille et de nombreux intérêts individuels parfois dissociés du projet entrepreneurial. Cette évolution est normale et humaine, mais doit être traitée dans l'intérêt de l'entreprise et de sa vocation de long terme.

La dissociation de la gouvernance d'entreprise et de la gouvernance familiale est une étape clé. Le projet d'entreprise dépasse en effet le cercle de la famille. Il intègre nécessairement les salariés, les clients, les fournisseurs, les territoires… qui font évoluer l'entreprise en permanence. La dimension affective de l'actionnariat familial et ses possibles divergences ne doivent pas heurter le projet d'entreprise et les intérêts des parties prenantes.

La gouvernance familiale vise à faire parler les familles d'une seule voix et à affronter collectivement les épreuves :

- La holding familiale, le conseil de famille ou l'assemblée familiale sont le lieu de la réflexion, de la concertation, et de la résolution des conflits éventuels.

- La charte familiale est l'une des formes de document de référence qui peut servir de guide aux arbitrages. En complément des statuts, pactes d'actionnaires ou d'associés familiaux, elle formalise ces règles informelles qui peuvent être sources de conflit et de déstabilisation de l'entreprise. Leur formalisation permet aussi l'appropriation du projet et de la stratégie par les salariés et les parties prenantes qui peuvent, à défaut, avoir un sentiment d'opacité.

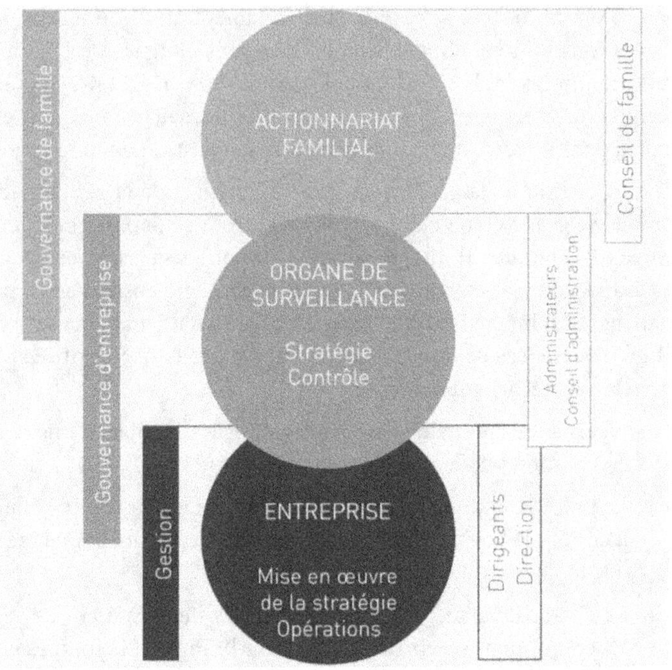


Source : Pascal Viénot

**Figure 20 – Gouvernance d'entreprise et gouvernance familiale**

# LEVIER N° 3 : LE CONSEIL, QUAND ET COMMENT ?

Le conseil a un coût : il faut donc y recourir pour de bonnes raisons. Elles existent !

- avoir un regard extérieur, objectif et neutre, lorsque vous vous sentez insuffisamment éclairé sur un sujet ou que vous doutez ;

- se donner les moyens de gagner du temps et de l'énergie pour d'autres sujets ;

- trouver des compétences et des expertises stratégiques qui manquent dans l'entreprise ;

- avoir une voix extérieure pour dire certaines vérités qui seraient mal acceptées si elles venaient de l'intérieur.

Comment choisir la bonne personne ? C'est vrai que le paysage de cabinets de conseil… c'est un peu un maquis ! Faites fonctionner votre réseau ! Regardez si des membres de votre entourage ont déjà eu recours au conseil et fiez-vous à leur retour d'expérience. Sinon, veillez à ce qu'il ait un *track record* dans des entreprises de même taille/même secteur, et n'hésitez pas à demander des références et à appeler les chefs d'entreprise concernés pour avoir leur évaluation.

## Bonnes pratiques 👍

### Une intervention est efficace si elle est préparée

> Définissez en amont précisément vos besoins et les objectifs de la mission : à quoi jugerez-vous si c'est un succès ?

> Associez les personnes clés à la définition de ces objectifs et au choix du consultant ; identifiez qui sera l'interlocuteur du consultant pendant la mission.

> Échangez avec le consultant sur les conditions de son efficacité : personnes à rencontrer, documents à fournir…

> Définissez le calendrier de telle manière à ce que les personnes devant être interrogées/associées soient disponibles pour le consultant.

> Organisez une réunion de cadrage avec votre équipe de direction.

> Prévoyez une restitution individuelle pour vous, sans filtre, et définissez avec le consultant le format d'une restitution plus large (comité de direction, toute l'entreprise) et validez les documents diffusés.

Au fond, le plus difficile semble être d'y recourir une première fois ! 77 % des dirigeants de PME qui ont déjà eu recours au conseil renouvellent la prestation, à plusieurs reprises.

## LEVIER N° 4 : LE RÉSEAU OU COMMENT JOUER COLLECTIF

Vous pensez que vous êtes seul envers et contre tout, que parler de vos difficultés et de vos doutes avec d'autres chefs d'entreprise vous met en position de faiblesse, ou pire donne un ascendant à vos concurrents sur vous ? C'est normal, vous êtes français !

La réalité, c'est que même dans votre secteur, peu d'entreprises sont concurrentes à 100 %. Et que vos vrais concurrents sont plutôt ailleurs, entreprises étrangères ou start-up disruptives… La réalité, c'est aussi que le monde change et que la concurrence se transforme en « coopétition » : vos concurrents sur un marché peuvent être vos partenaires sur un autre marché.

Jouer collectif, c'est mettre en commun les ressources et même l'intelligence au sein d'un groupe de PME. En matière de business, 1 + 1 fait plus que 2. Optimisation des achats, ventes croisées, élargissement de l'offre, mise en commun de la recherche… Jouer collectif, ce n'est pas une philosophie ou une citation de Coubertin, c'est le moyen de faire plus de chiffre d'affaires et plus de marge. Et si vous développiez un groupement de PME dans votre territoire ? Ensemble, vous serez plus fort pour proposer des offres innovantes, rééquilibrer les relations avec les grands groupes, attaquer le développement à l'international.

 Parole d'entrepreneur :
Pierre-Jean Leduc, Dedienne Multiplasturgy Group

### Je suis un grand défenseur de la chasse en meute !

Avec des amis chefs d'entreprise, nous avons créé une SAS d'entreprises, NADTEK, qui allie des technologies connexes à celles de Dedienne pour proposer à nos clients une offre de services et de produits élargie. On ne propose plus uniquement du *build-to-print* en plasturgie, mais du *build-to-spec* en plasturgie avec de l'électronique, de la mécanique, de la fabrication additive et du design. Nous chassons ainsi ensemble en France et à l'international.

Ces groupements peuvent se former pour des raisons commerciales ou encore d'achat. Pour améliorer notre rentabilité, nous avons créé en 2009 une autre SAS avec des confrères de la plasturgie pour massifier nos achats. Nous mutualisons ainsi les volumes et accédons à une remise en fonction du volume total, au prorata de nos achats. Ce qui fait que même les petits bénéficient des volumes d'achat des plus gros.

Tout cela c'est de l'intelligence collective, et une manière de contourner les réflexes gaulois...

Jouer collectif, c'est aussi mieux développer les relations entre grands groupes et PME. L'opposition entre grands groupes et PME a assez vécu. Les grands groupes ont besoin de la capacité d'innovation et de l'agilité des PME et les PME ont besoin des commandes des grands groupes. Antoine Perrin, de Schneider Electric, témoigne : « Nous essayons de fédérer pour aller conquérir des clients mondiaux. C'est la technique du porte-avions. Cela permet de créer un écosystème autour des solutions Schneider. La valeur innovationnelle des PME est évidente. Il faut donc aller vers elles[1]. » Certes, les grands groupes français ne sont pas tous en pointe, mais la tendance est là :

---

1. Bpifrance Innovation Génération, 2016.

on passe progressivement d'une relation de sous-traitance à l'essence d'un partenariat, où chacun, poursuivant ses intérêts, voit en l'autre un nouveau levier de croissance.

Jouer collectif, c'est jouer le jeu du réseau : plus on donne, plus on reçoit. Rejoindre des réseaux, c'est vous donner la possibilité de rencontrer des pairs, positionnés sur d'autres métiers/secteurs, mais en réalité confrontés aux mêmes sujets : difficulté de recrutements, normes, digital, management, gouvernance… Vous serez expérimentés sur certains sujets et moins sur d'autres. Mais l'échange sur vos retours d'expérience vous permet d'aller plus vite ensemble. Ce qui est simple pour vous débloque subitement leur réflexion et inversement. Et soyez généreux dans le partage de votre réseau de contacts, en France et à l'international : votre réseau vous le rendra au centuple !

 **CARNET DE ROUTE**

### Savoir s'entourer

Prenez quelques minutes pour vous demander ce que vous appliquez déjà dans votre entreprise, ce que vous pourriez développer ou mettre en place. Pensez à faire votre autodiagnostic en ligne[1]. Puis organisez-vous pour activer ce levier de croissance !

## Points forts

Pour vous aider à compléter cette rubrique, pensez aux meilleures décisions que vous avez prises, à vos plus grands succès en termes d'exécution. Comment aviez-vous pris cette décision ? Qui vous a appuyé dans la mise en œuvre ? Qui sont vos personnes clés ?

.......................................................................................................

.......................................................................................................

.......................................................................................................

.......................................................................................................

.......................................................................................................

.......................................................................................................

## Axes de progrès

Pour vous aider à compléter cette rubrique, pensez à vos erreurs de décision ; qu'auriez-vous pu améliorer pour ne pas faire cette erreur ?

.......................................................................................................

.......................................................................................................

---

1. www.carnetdecroissance.fr

........................................................

........................................................

........................................................

........................................................

........................................................

## Décision

Par quoi commence-t-on ? Comment allez-vous (encore) mieux vous entourer ?

........................................................

........................................................

........................................................

........................................................

........................................................

........................................................

## Objectif

Choisissez 1 à 3 indicateurs clés de succès – pas plus – et validez-les avec le porteur de projet et/ou le Codir !

........................................................

........................................................

........................................................

........................................................

........................................................

## Calendrier/Rétroplanning

Date de lancement ; date pour atteinte des objectifs. N'hésitez pas à caler des dates intermédiaires/points de rendez-vous.

..........................................................................

..........................................................................

..........................................................................

..........................................................................

..........................................................................

..........................................................................

## Responsable du projet

Sur ce projet, ça peut éventuellement (et par exception !) être vous, avec votre Codir. Cela dépend bien sûr de l'ampleur du projet.

..........................................................................

..........................................................................

..........................................................................

..........................................................................

..........................................................................

## Vos personnes clés

Qui incarne l'avenir de la société ? (Intéressant aussi de réfléchir à qui ne l'incarne pas/plus.)

..........................................................................

..........................................................................

..........................................................................

........................................................................................

........................................................................................

........................................................................................

........................................................................................

**Votre réseau social**

Qui peut porter un regard intéressant sur le fonctionnement de votre entreprise et votre fonctionnement personnel ? Rejoindre votre conseil ou comité des sages ? Quels sont les clubs/cercles qui comptent pour vous ou que vous pourriez rejoindre ?

........................................................................................

........................................................................................

........................................................................................

........................................................................................

........................................................................................

........................................................................................

**Avec ce chapitre, vous avez fait un pas
vers la croissance durable.**

**Vous pouvez passer au suivant !**

# CHAPITRE 7

# LE CAPITAL HUMAIN

## FAITES FRUCTIFIER VOTRE TRÉSOR !

*« Les deux choses les plus importantes n'apparaissent pas au bilan de l'entreprise : sa réputation et ses hommes. »*

Henry Ford, industriel américain (1863-1947)

*« Un seul indicateur suffit pour connaître la santé d'une entreprise : celui du niveau de satisfaction de ses salariés ! »*

Jack Welch, CEO de General Electric de 1981 à 2001

Entre les start-up qui brillent et les grands groupes qui rassurent, les PME et les ETI ne sont pas toujours citées comme le prochain job idéal… Et pourtant, elles ont besoin de talents, à l'échelle des centaines de milliers d'entreprises sur tout le territoire, pour soutenir leur trajectoire de croissance. La constitution, la mobilisation et la fidélisation de ce trésor qu'est le capital humain sont les plus exigeants leviers de la croissance.

Les talents, c'est l'essence dans le moteur. C'est l'énergie collective qui repousse l'horizon de vos possibles.

Doubler de taille, cela implique d'abord un investissement massif dans le capital humain et dans le management.

### Quelques repères

- La guerre économique est une guerre des talents : 6 PME sur 10 déclarent manquer de talents pour croître[1].
- Le capital humain est un enjeu de compétitivité. En Europe, à peine 10 % des salariés sont engagés (contre 31 % aux États-Unis et au Canada), c'est-à-dire impliqués et enthousiastes au travail, et ce chiffre est encore inférieur en France[2]. Pourtant, certaines entreprises atteignent des taux de 70 %, ce qui dope leur performance[3]. La mauvaise organisation du travail coûte 12 600 euros par an et par salarié[4].
- Les ressources humaines sont de plus en plus volatiles. 67 % des nouvelles recrues reconnaissent être encore ouvertes à de nouvelles opportunités juste après leur prise de poste[5].
- La rémunération ne fait pas tout. Un tiers des candidats refuserait un poste dans une entreprise à mauvaise réputation employeur[6]. 81 % des étudiants souhaitent que leur futur métier intègre les enjeux du développement durable (dans son fonctionnement, ses objectifs, etc.)[7].
- La génération Y (personnes nées entre 1978 et 1994) et la génération Z (personnes nées après 1994) représentent respectivement 13 millions et

---

1. Bpifrance, 2018.
2. Gallup, State of the Global Workplace Report, 2017.
3. Gallup, Q12® Meta-Analysis Report, 2016 : les entreprises figurant dans le premier quartile en termes de taux d'engagement ont une productivité et une profitabilité supérieure de 20 % à celle du dernier quartile.
4. Baromètre IBET (indice de bien-être au travail), 2017.
5. Enquête StepStone sur les tendances de recrutement et de recherche d'emploi, 2009-2013.
6. Enquête européenne StepStone sur la communication de marque employeur, 2011.
7. Étude du Réseau français des étudiants pour le développement durable, 2017.

16 millions de personnes. Leur rapport au monde du travail est totalement différent des générations précédentes.

### ⚑ Enjeux et convictions

- Le sens du projet d'entreprise, la vision que vous défendez, les causes qui vous animent, sont vos meilleurs aimants pour attirer les talents. La marque employeur est un atout maître pour en tirer toute la force. Elle doit être sincère pour être efficace. L'engagement de vos salariés est le vrai juge de paix : pas d'attraction externe sans cohésion interne.
- Doubler de taille, c'est une transformation organisationnelle et humaine. Penser sa croissance, c'est donc penser à l'accompagnement humain de cette transformation, et éviter la surchauffe des équipes.
- Le capital humain, c'est aussi une vision élargie de la notion de « collaborateur ». Les personnes qui vous accompagnent pour une période courte et déterminée (intérimaires, prestataires, stagiaires, VIE…) seront par définition bientôt ailleurs sur le marché du travail : ce sont de vrais ambassadeurs potentiels. Donnez-leur envie de vous prescrire… et de revenir d'ici quelque temps. De même, donnez à vos partenaires réguliers (clients, fournisseurs) l'image d'une entreprise où il fait bon vivre : c'est excellent pour votre réputation employeur… et pour le business !
- Le temps partagé est une ressource insuffisamment explorée. Mieux vaut un vrai directeur administratif et financier à temps partiel qu'un responsable comptable à temps plein.

# ■ ⚒ VOS LEVIERS

## LEVIER N° 1 : L'ENGAGEMENT

### Nourrir la motivation

La priorité, dans un contexte de ressources rares, est d'abord de tirer le meilleur de vos collaborateurs actuels.

Dans les petites structures, tous les salariés, tous les collaborateurs comptent. Leur degré d'engagement est évidemment un élément de performance. Il se manifeste à travers la contribution volontaire de chaque collaborateur et sa capacité à dépasser régulièrement les attentes que l'on avait placées en lui. C'est le reflet de sa motivation.

Le rôle d'un leader est de nourrir quotidiennement cette motivation. Il en existe essentiellement deux formes :

- La motivation extrinsèque pousse à agir en réponse à des éléments extérieurs (autorité, incitation financière, conditions de travail, etc.). Elle est importante, et ne doit pas être négligée.

- La motivation intrinsèque est celle qui vous met en mouvement quand votre cœur et votre passion parlent, quand vous êtes porté par le sens de la mission et l'éthique de l'action, quand votre activité résonne avec vos propres idéaux et valeurs.

La nouvelle économie, parce qu'elle repose sur le savoir, l'innovation et la curiosité se fonde sur l'activation de la motivation intrinsèque. C'est le meilleur moteur pour que vos salariés donnent le meilleur d'eux-mêmes. C'est la flamme que vous devez faire naître et entretenir.

La motivation intrinsèque est le moteur des Millennials (génération Y), qui ont changé la donne de la relation au travail et à l'entreprise. Ils recherchent :

- L'adhésion à une vision : le projet d'entreprise doit avoir un sens, pour le groupe et pour chaque collaborateur.

- L'adhésion à des valeurs, qui doivent être claires, partagées et incarnées au quotidien dans l'entreprise.

- La fidélité à soi : ce n'est plus le salarié qui s'adapte à l'entreprise mais l'inverse ; l'entreprise doit apporter au collaborateur la possibilité de s'enrichir, de coconstruire, de se divertir.

Il semblerait qu'ils aient aussi redistribué les cartes pour les générations précédentes qui, progressivement, formulent les mêmes attentes.

Dan Pink, un chercheur américain dans le domaine de la motivation, le résume bien : « Le secret de la performance et de la satisfaction – dans les entreprises, l'enseignement ou dans notre vie personnelle –, c'est le besoin profondément humain de diriger sa propre vie, d'apprendre, de créer de nouvelles choses et de s'améliorer. » Et il aboutit à cette équation : Motivation = autonomie + maîtrise + finalité.

Appropriation et motivation sont clés pour la mise en œuvre de votre stratégie. Nous ne sommes plus à l'ère de la carotte et du bâton, comme nous ne sommes plus à l'ère des grands paternalismes industriels du siècle dernier. Il ne suffit pas non plus de manifester de la reconnaissance ou de demander l'avis des collaborateurs, quoique ce soit nécessaire : il faut d'abord et avant tout expliquer pour qui et pour quelle cause on travaille. Appuyez-vous sur votre Codir pour démultiplier votre leadership en la matière !

 Parole d'entrepreneur : Jean-Bernard Falco, président fondateur de Paris Inn Group

### Fédérez votre équipe autour du projet de croissance

#### Comment faire pour embarquer les collaborateurs dans un projet de croissance ?

La première étape, c'est de mener une réflexion profonde sur la stratégie et la trajectoire que vous souhaitez emprunter. Ensuite, il est nécessaire de partager cette vision avec les équipes pour que *in fine* cela devienne la leur. Je vous livre la façon dont nous nous y sommes pris pour y parvenir. Une fois que nous avons identifié les grands chantiers et les zones géographiques, nous avons constitué, sur la base du volontariat, des groupes de travail en interne qui se tiennent en mode entrepreneurial. Qu'est-ce que ça veut dire ? D'abord, il n'y avait plus de statut, de grade ou de fonction. Les managers devenaient des managés par un pilote, un comptable pouvait demander à travailler sur une problématique de marque par exemple. Tout était ouvert. Puis, nous leur avons laissé toute liberté de déterminer des objectifs spécifiques et les moyens pour y parvenir. Notre volonté, c'était que chacun soit amené à sortir de sa zone de confort, que chacun devienne autonome, sur le fondement de son envie, de sa motivation propre.

Le résultat ? Nous avons approuvé les 7 plans d'action que nous ont présentés les 7 groupes de travail. [...] Je ne suis pas sûr qu'à l'avenir on continue à avoir une organisation en râteau avec un Codir et un Comex... Tout cela sera balayé et remodelé pour privilégier systématiquement le mode projet. À l'issue de cette réorganisation, nous donnerons aux groupes les moyens de réaliser leurs plans d'actions. Le centre de gravité du groupe tournera plus que jamais autour de l'envie et de la volonté de chacun. Si nous avions imposé ces changements, non seulement on aurait eu moins d'idées mais nos collaborateurs auraient été moins en phase. Aujourd'hui, ils construisent pleinement eux-mêmes la nouvelle aventure du groupe.

### Quels conseils aux entrepreneurs qui hésitent ?

S'ils expriment leur conviction sur le monde tel qu'ils le voient à quinze ans, sur leur secteur et les moyens pour devenir leaders et si leurs collaborateurs sentent qu'ils ont la force de conviction de les emporter avec eux ainsi que les investisseurs et les banquiers, il y a de fortes chances pour qu'ils montent avec eux dans le bus, le train, l'avion, la navette...

### Le plus difficile ?

La vraie réussite, c'est de laisser faire les autres. Parce que notre expérience nous a prouvé à mon épouse et moi-même que c'est aussi bien fait, voire même mieux fait que si c'était vous. C'est l'une des clés pour libérer vos équipes, libérer les individus. Attention, il y a deux conditions : d'une part, donner des signes d'encouragement et de reconnaissance, et d'autre part, donner vie aux projets dans lesquels ils ont mis toute leur énergie, c'est un impératif, forcément respectueux et gage d'une confiance respective absolue.

## Fidéliser les talents – Améliorer « l'expérience collaborateur »

Il est suffisamment difficile de recruter… évitons de perdre nos talents ! Il n'existe évidemment pas de formules magiques mais un ensemble de solutions :

- Identifiez vos talents : vous pouvez par exemple organiser une « revue des talents » avec l'équipe dirigeante pour vous pencher sur chacun d'entre eux, ses points forts et ses aspirations.

- Consacrez-leur un peu de temps, au moins une fois par an pour donner à sentir votre vision, vos intuitions, pour générer de la mobilisation et de l'appropriation.

- Valorisez les nouveaux arrivants grâce à des *feedbacks* réguliers – tout en veillant à ce qu'ils perçoivent la valeur du travail et de l'expérience des salariés déjà en place. La valeur n'attend pas le nombre des années, la compétence non plus.

- Dynamisez les parcours en permettant de franchir des étapes régulièrement, quitte à sortir des définitions du poste classique : 53 % des 21-33 ans disent qu'ils ont « peur » ou « très peur » de stagner sans perspectives d'évolution dans leur emploi[1]. Sans perspective de mouvement ou d'évolution, vos talents auront peu d'incitations à rester. Créer de la mobilité interne, fonctionnelle ou territoriale, est fondamental.

- Développez l'entrepreneuriat ou le « mode projet » dans votre entreprise pour donner à vos collaborateurs la possibilité de se révéler en portant des chantiers précis avec ressources dédiées.

- Restez attentif à la rémunération et partagez avec vos talents les fruits de la croissance : intéressement, participation, FCPE, actions…

---

1. Étude Universum (INSEAD/HEAD) 2017 sur les attentes des générations Y et Z.

> ## Le coach « Impact Positif »
>
> Et si, pour booster l'engagement et le sens, vous faisiez travailler vos équipes sur de nouveaux modèles économiques ou de nouvelles solutions intégrant fortement le développement durable et l'innovation positive ?
>
> Formulez des défis d'innovation sociétale (ex. : comment trouver des solutions pour la fin de vie de nos produits ? Comment minimiser nos impacts négatifs ou maximiser nos impacts positifs ?) et profitez d'une journée de séminaire pour faire travailler vos équipes sur la génération de solutions innovantes qui y répondent.
>
> Vos équipes, et particulièrement les nouvelles générations, auront beaucoup d'idées pour faire bouger l'entreprise sur ces sujets ! Et ces sessions collaboratives, sur des sujets alliant innovation et sens, renforceront leur sentiment d'appartenance. Pensez, pour nourrir ce sentiment dans le temps, à ne pas laisser en plan les idées qui en seront sorties !
>
> Élisabeth Laville, fondatrice du cabinet spécialisé Utopies

Au fond, dans un monde où les individus restent en moyenne trois à quatre ans dans une entreprise, contre douze ans il y a une dizaine d'années, l'expérience collaborateur devient aussi importante que l'expérience client. Et comme le dit Jérémy Lamri, CEO de Monkey Tie « l'expérience collaborateur comprend systématiquement trois expériences distinctes : l'expérience attendue, l'expérience vécue, et l'expérience mémorisée. Pour améliorer l'expérience collaborateur, il est fondamental de s'intéresser à ces trois moments de l'avant, du pendant et de l'après ».

Dans cette approche, il est vivement recommandé de lever les barrières des statuts : CDI, CDD, stagiaires, alternants, intérimaires, free-lances ou conseils… Toutes les personnes qui travaillent avec vous ne sont pas des salariés, ni présents à plein-temps, ni même présents pour longtemps. Et pourtant, ils sont tous à votre contact, ils sont à l'écoute de vos valeurs et de la preuve que vous en donnez. L'expérience collaborateur, c'est l'ensemble des moments que l'individu passe au contact de l'entreprise, dans le quotidien et les grands moments plus institutionnels. Tout compte.

## Parole d'entrepreneur : Pierre Marcel, Tournus Équipement

### Associez vos salariés à la croissance et aux fruits de la croissance

Ma première question, en tant que chef d'entreprise, c'est : comment réussir à aligner les objectifs des collaborateurs, des dirigeants et des actionnaires ? Je crois fermement que l'entreprise est plus performante si elle donne des règles de partage des fruits de la croissance avec les collaborateurs.

Concrètement, en 2007, je suis arrivé dans une entreprise où les relations sociales étaient très mauvaises. J'entendais parler de la « direction » contre « les autres », sur un fond de lutte des classes.

### Comment vous avez fait ?

D'abord, j'ai travaillé sur la communication interne. Ma première action a été de créer un journal interne mensuel, une feuille de chou envoyée au domicile de chacun avec la feuille de paie. Je voulais que tout le monde puisse la montrer à sa famille, raconter, être fier de son métier et de son entreprise.

Ensuite, j'ai créé des réunions d'expression libre, 3 fois par an. Avec 3 règles : pas d'ordre du jour, pas de compte rendu et pas de mauvais esprit. À chaque fois, les collaborateurs peuvent venir échanger avec moi sur ce qui leur tient à cœur.

Enfin, j'ai décliné la stratégie de l'entreprise en plans d'actions et objectifs à tous les niveaux de l'entreprise pour que chacun puisse se l'approprier.

À l'issue de tout cela seulement, j'ai mis en place l'actionnariat salarié, qui compte aujourd'hui 60 % de mes 240 collaborateurs. J'ai choisi des conditions très favorables : il faut seulement trois mois d'ancienneté pour pouvoir devenir actionnaire et on peut entrer au capital chaque année, au mois de mai.

### Quels effets sur l'entreprise ?

Plus de fierté des collaborateurs. Or, on ne peut pas être performant si l'on n'est pas fier de son métier. Ils se disent non seulement « J'appartiens à l'entreprise » mais surtout « J'ai décidé d'appartenir ». C'est une preuve tangible de la confiance que leur font l'entreprise et ses dirigeants.

Mon attractivité en tant qu'employeur a augmenté. J'ai récemment pu embaucher 23 personnes, soit 10 % de mon effectif, alors que nous vivons une pénurie de main-d'œuvre qualifiée dans l'industrie. Ce n'est pas un hasard. Non seulement il y a le principe de l'actionnariat, mais ils voient aussi que la valeur de l'action (logée dans un FCPE) a doublé en quatre ans...

### Que diriez-vous à un dirigeant qui hésite ?

Que ça a marché dans mon entreprise.

Que s'il partage, il créera plus de valeurs pour son entreprise. Ne soyez pas l'ennemi de vos intérêts. La valeur de votre entreprise si vous restez seul à bord sera toujours difficile à évaluer. Mais si vos collaborateurs ont acheté le projet et contribué activement à le concrétiser...

### Avec le recul quels sont les pièges à éviter ?

Croire que mettre en place de l'actionnariat salarié relève de la bonne action, d'un certain crédit moral qui vous serait donné. L'actionnariat salarié a une rationalité économique et sociale forte qui se résume à cela : on est plus fort ensemble.

Penser l'actionnariat salarié comme un pansement ou une chape de plomb sur des relations sociales qui ne sont pas pacifiées. C'est un gros piège, parce que quand on touche aux questions d'argent, on touche à un sujet très émotionnel et parfois imprévisible pour les gens.

### Par quoi commencer ?

D'abord créer du lien social au sein de l'entreprise, à l'aide de la communication interne. Il faut trouver le moyen de formuler et de partager le projet d'entreprise. *In fine*, c'est cela que vont acheter les salariés s'ils deviennent actionnaires.

Mettre en place un intéressement et une participation si ce n'est pas déjà fait.

> **Quelle est votre prochaine étape dans l'association des salariés ?**
>
> La gouvernance ! Comment faire entrer un peu de représentation des salariés dans un peu de gouvernance. On a commencé en intégrant les représentants du FCPE (des actionnaires). La pire erreur, je crois, serait de contraindre cette représentation par la loi. Si vous obligez chaque comité exécutif à intégrer des représentants des collaborateurs, ils vont rapidement se vider de leur substance et d'autres rendez-vous se créeront *de facto*. Tout cela prend du temps et le premier frein à lever, c'est le manque de formation des collaborateurs pour participer aux instances de gouvernance.

## LEVIER N° 2 : LA FORMATION

Selon un rapport de Dell et de l'Institut pour le futur de 2017, 85 % des métiers de 2030 n'existent pas encore. Nées au cœur de cette « ère cognitive », les générations Y et Z savent que leur savoir devra évoluer en permanence au cours de leur vie personnelle et professionnelle. Elles ont bien l'intention de piloter elles-mêmes leur employabilité, en cherchant de nouvelles connaissances, au gré de leurs défis professionnels et de leur curiosité naturelle.

La capacité à apprendre au quotidien est devenue une condition d'engagement des jeunes générations. En d'autres mots, si un jeune collaborateur a le sentiment qu'il n'apprendra plus rien à son poste, qu'il ne peut plus nourrir son employabilité, il cherchera à partir parce qu'il se sentira en danger.

Il vous faudra donc nécessairement mettre vos talents en situation d'apprentissage. Ils veulent être formés sur des sujets variés, parfois transverses ou même extérieurs à leurs missions.

**Figure 21 – Les Millennials et la formation**

### Le coach digital

## La révolution e-learning – Pour apprendre, à chacun son rythme !

Fini le temps des salles de classe, le digital est un nouveau levier pour proposer à tout moment, sur tout support y compris mobile, des séquences d'apprentissage aux nouvelles générations... et aux autres !

Pourquoi ne pas composer vous-même des modules de e-learning en interne avec des solutions comme Solunea ou Enovation Solutions ? Ces modules sur mesure, dédiés à votre entreprise, ses produits et ses métiers, pourront être utilisés en interne ou avec des revendeurs pour une formation produit par exemple. Par ailleurs, Bpifrance Université ou BFM Business proposent des modules sur les nouvelles tendances.

Une étude de l'université de Dresde a démontré que les sessions courtes permettent une rétention d'information de 22 % supérieure à celle des sessions longues.

William Porret, fondateur d'ENORA Consulting

Concrètement, la formation doit être conçue comme une part entière de la rémunération de vos collaborateurs. Ne zappez pas le compte personnel de formation, faites-en un levier de croissance pour l'entreprise et d'épanouissement pour vos équipes. Et n'oubliez pas les membres du Codir ! Ce sont eux qui garantissent la mise en œuvre de votre stratégie et peut-être que le Codir abrite le repreneur de votre entreprise ; donnez-lui le temps d'acquérir le plus de connaissances possible.

## LEVIER N° 3 : LA QUALITÉ DE VIE AU TRAVAIL

La qualité de vie au travail peut se définir comme l'existence d'un cercle vertueux entre plusieurs dimensions directement ou indirectement liées à l'activité professionnelle : relations sociales et de travail, contenu du travail, environnement physique, organisation du travail, possibilité de réalisation et de développement personnel, conciliation entre vie professionnelle et vie personnelle[1].

Tous ces facteurs concourent à créer un environnement propice à l'épanouissement de vos salariés, ou au contraire à occasionner du mal-être, avec un impact sur l'engagement de vos collaborateurs, mais aussi sur leur santé.

### Faciliter l'échange par la communication informelle

Les e-mails sont devenus des messages très formels. Pour favoriser l'instantanéité des échanges et la vivacité des idées, pensez aux nouveaux outils de communication directe entre collaborateurs comme Slack ou Workplace. Vous pourrez animer votre communauté autour d'événements d'entreprise et de partage d'informations entre collègues. Bien sûr, cette communauté sera ce que les utilisateurs en font. Pour l'animer, les vidéos sont un bon

---

1. Agence nationale pour l'amélioration des conditions de travail (ANACT) « 10 questions sur la qualité de vie au travail », 2016.

support : elles permettent de montrer à des collègues éloignés un aperçu de ce qui se passe sur le terrain (échantillons, prototypes, assemblages particuliers...) ou encore de faciliter l'apprentissage interne, par exemple en complétant des plans de montage.

William Porret, fondateur d'ENORA Consulting

La bonne ambiance est citée en premier critère de choix professionnel par les Français, largement avant la rémunération[1]. Et pourtant, 24 % des salariés français se disent en « état d'hyperstress », c'est-à-dire à un niveau dangereux pour leur santé[2]. Et il touche davantage les femmes (28 %) que les hommes (20 %). Les personnes interrogées dénoncent d'abord la somme et la complexité des informations à traiter, puis le manque de temps.

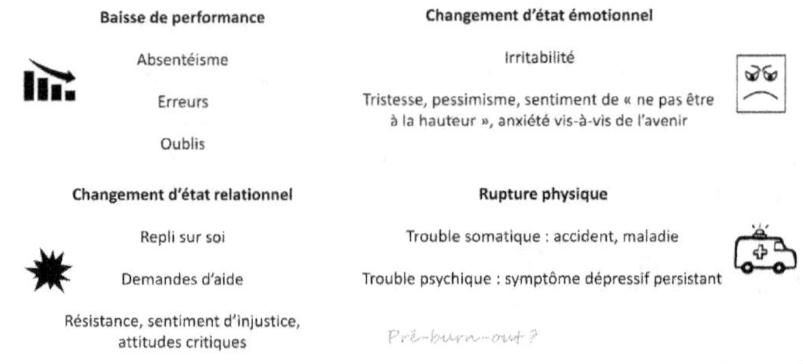


© Fanny Letier

**Figure 22 – Déceler les signaux d'alerte du *burn-out***

Phénomène malheureusement de plus en plus répandu, le *burn-out* vient d'une confusion entre engagement et performance, et entre performance et reconnaissance. La personne ne fait plus la distinction entre la performance professionnelle proprement dite et sa valeur

---

1. Étude Jobijoba, 2017.
2. Étude Stimulus, 2017.

individuelle. Tout devient personnel. Les personnes surinvesties, les plus perfectionnistes, celles qui ont des difficultés à dire « Non » ou à renoncer, ou qui se fixent des objectifs irréalistes, à la recherche de reconnaissance, sont les plus touchées par le *burn-out*.

Pour prévenir le *burn-out*, l'exemplarité du dirigeant est fondamentale. Un entrepreneur, souvent surinvesti, ne peut pas demander le même niveau d'effort de la part de ses collaborateurs. Celui qui l'exigerait s'expose à de grandes déceptions, qui renforceront son sentiment de solitude. De manière plus pernicieuse, si un dirigeant sacrifie sa vie personnelle en permanence, les équipes auront le sentiment que ce sur-effort fait partie du mode de fonctionnement de l'entreprise. S'y conformer est alors perçu comme une injonction latente, quand bien même vous n'auriez jamais exprimé une telle demande envers eux.

## Bonnes pratiques

### Bienveillance et équilibre sont de rigueur pour éviter le *burn-out* collectif

> Pratiquez l'empathie et l'écoute active : questionner, reformuler, cadrer. Prenez le temps d'essayer de comprendre les difficultés d'un collaborateur avant qu'elles ne s'enkystent, identifiez ses aspirations, faites-le participer à la création d'une solution. Donnez-lui des marques d'intérêt.

> Soyez aligné : réduisez autant que possible l'écart entre ce que vous pensez, ce que vous dites et ce que vous faites.

> Réduisez la perception de déséquilibre entre contraintes et ressources : soignez la définition des objectifs, clarifiez les systèmes de reconnaissance et de rémunération, donnez de la visibilité et parfois du réalisme sur ce qu'il peut attendre.

> Pratiquez l'assertivité : cela veut dire savoir annoncer une bonne ou mauvaise nouvelle, faire une critique constructive, donner une perspective – sans être vous-même débordé par l'émotion !

# LEVIER N° 4 : LE RECRUTEMENT

Enfin, vous pouvez recruter ! Cette ressource est précieuse, vous ne pouvez pas vous tromper.

## Constituez votre tribu à l'image de votre ambition

Il vous faut identifier les aptitudes et les compétences, naturellement, mais cela ne suffit pas.

Prenez le temps de réfléchir à la personnalité, à la motivation et aux valeurs ou convictions que vous souhaiteriez pouvoir recruter. Ce dernier point est crucial et souvent sous-estimé dans les processus de recrutement. Il ne s'agit pas de juger qui que ce soit mais de constituer votre « tribu », celle qui pourra avancer ensemble avec des valeurs communes et minimiser les incompréhensions. Celle qui adhère à votre cause. Pour cela, il vous faudra donner à voir une cause pour laquelle les gens auront envie de se battre, diffuser cette cause en interne et en externe, recruter ceux qui partagent cette cause et qui sont prêts à agir pour elle. En agissant pour elle, ils agiront en réalité aussi pour eux-mêmes.

Pour doubler de taille, misez aussi sur des personnalités qui ont un esprit de conquête, à l'opposé de toute logique de statut. Recherchez la curiosité, le goût du challenge et de l'innovation, la persévérance/résilience, la capacité d'adaptation, l'esprit de coopération. Identifiez ceux qui sauront persister face aux échecs, apprendre des *feedbacks* négatifs, s'inspirer de la réussite des autres. Ceux enfin qui sont disposés à prendre des risques[1].

Concrètement, comment découvrir l'état d'esprit d'un candidat ?

---

1. La professeure Carol Dweck (Stanford), dans son ouvrage *Changer d'état d'esprit. Une nouvelle psychologie de la réussite* (Mardaga, 2010), met en valeur l'importance d'aborder les défis avec un état d'esprit de développement.

- Élargissez votre processus et vos entretiens au-delà de la connaissance technique du métier et de la vérification de l'expérience : échangez par exemple sur les goûts, les désirs, le mode de fonctionnement, etc.

- Testez le candidat : journée *in situ*, parcours intégration.

Quel que soit le candidat, il vous faudra vérifier qu'il est adapté à la taille de votre entreprise, son environnement et son mode de fonctionnement.

## Utilisez pleinement le levier digital

Les canaux numériques sont aujourd'hui incontournables en matière de recrutement.

Mettez en place une stratégie numérique de recrutement : quelles sont vos cibles et quels espaces numériques fréquentent-elles ? Vous en déduirez les canaux de communication pertinents. LinkedIn est naturellement le plus couvrant, mais Instagram sera plus efficace pour les jeunes créatifs par exemple.

Booster votre attractivité !

- Faites simple : votre annonce doit être très claire sur le processus de recrutement, précisez les étapes, facilitez le dépôt de candidature.

- Soyez créatif : essayez des formats innovants.

- Donnez envie ! Mettez en avant ce que vous pouvez apporter au candidat, au-delà du poste proposé (localisation, ambiance de travail, flexibilité horaire…), mais soyez sincère, sinon vous perdrez du temps. Publiez du contenu sur votre entreprise, ses enjeux, ses réussites. Soignez particulièrement votre page LinkedIn, c'est l'un des premiers points de contacts qui donne l'image au candidat. Sachez que l'absence d'image et de présence en ligne constitue déjà un message en soi !

 **Le saviez-vous ?**

Les sites Glassdoor et Cheese sont les Tripadvisor de l'entreprise. Vos collaborateurs peuvent y noter leur expérience chez vous. Ce que vous pouvez percevoir comme un risque constitue en réalité une opportunité de recevoir des *feedbacks* précieux sur la manière dont vos équipes vivent leur collaboration, et un outil pour donner à voir au reste du monde la congruence entre vos valeurs et ce qu'en disent vos collaborateurs.

## Le temps partagé

Certains cabinets vous permettent de vous adjoindre une fonction stratégique, mais à temps partiel. Que ce soit un DAF, un professionnel du M&A (fusions-acquisitions), un CDO (*chief digital officer*)… Outre le coût, à regarder de près, vous pourriez y trouver beaucoup d'avantages :

- Avoir de meilleurs profils en minimisant le coût de la recherche et les risques d'erreur de recrutement : les viviers sont souvent constitués de personnes expérimentées qui veulent mettre à profit leurs connaissances acquises sur l'ensemble des facettes du métier.

- Bénéficier d'une personne qui a de l'expérience accumulée et qui s'en trouve plus productive : vous pourriez vous dire que vos problématiques nécessitent une présence à plein-temps, mais imaginez bénéficier de la présence de quelqu'un qui a déjà résolu les questionnements dans lesquels vous êtes, quelqu'un qui a déjà plusieurs fois cherché et trouvé la solution.

- Profiter d'une personne active à l'extérieur : votre DAF à mi-temps, l'est aussi à quart-temps dans deux autres entreprises. Qu'est-ce qui se fait ailleurs ? Qu'est-ce qui marche ou ne marche pas ? Vous avez avec vous quelqu'un capable de réaliser en temps réel un *benchmark* et d'apporter des idées par son simple regard extérieur, enrichi de ses différentes collaborations.

- Créer de nouveaux liens *business* : par son implication et sa connaissance profondes de différents acteurs, une personne en temps partagé peut s'avérer un apporteur d'affaires naturel et créer des liens de *business* croisés au bénéfice de tous.

## LEVIER N° 5 : LA MARQUE EMPLOYEUR

La marque employeur est « l'ensemble des bénéfices fonctionnels, économiques et psychologiques fournis par l'emploi et permettant d'identifier l'entreprise en tant qu'employeur[1] ».

C'est la réputation d'une entreprise en tant que lieu de travail. Elle inclut une notion économique de rémunération et d'avantages, mais aussi une dimension managériale, de formation, de parcours de carrière, de mobilité, de vie sociale et de qualité de vie au travail.

© Fanny Letier (inspiré de travaux de Sibson Consulting)

**Figure 23 – Éléments essentiels de la marque employeur**

1. Ambler Tim and Barrow Simon, « The Employer Brand » in *Journal of Brand Management*, N° 3, 1996.

Le salaire n'est donc pas le premier, et certainement pas le seul critère de choix des candidats. La richesse du projet professionnel, l'ancrage local, la qualité de vie, l'écosystème de votre entreprise sont autant d'arguments que vous pourrez mettre en avant. Mais pour toucher à l'émotionnel, pour faire de vous un aimant pour les talents de ce monde, ce qui compte c'est votre différence, votre promesse, votre vision.

Tout entreprise possède une singularité qui la différencie et crée de la valeur : quelle est-elle pour vous ? Quelles sont les racines de l'entreprise ? Son histoire (lieu, mythe ou personnage fondateur), ses savoir-faire, les spécificités de son métier, son égérie ?

La marque employeur doit raconter une histoire (*storytelling*) pour retenir l'attention, marquer les esprits, donner à voir ou visualiser des personnages ou situations, susciter l'émotion mais aussi donner confiance. Elle doit vous permettre de renforcer les leviers précédents :

- En leur permettant de mieux comprendre l'entreprise, sa mémoire collective et ses valeurs, elle renforce l'engagement de vos salariés, réduit le *turnover*, facilite l'intégration et renforce les liens entre salariés.

- En racontant une histoire et en donnant du sens au produit, elle facilite l'attraction des talents, raccourcit les délais et réduit les coûts de recrutement ; elle permet aussi de mieux gérer les situations de crise.

Valorisez votre différence, racontez le sens de votre mission. Pourquoi vous levez-vous le matin ? Pourquoi continuez-vous à avancer même lorsqu'il y a des mauvaises nouvelles ? Quels sont les petites routines et les moments sacrés dans le quotidien avec vos équipes ? Donnez à voir, à sentir l'épaisseur humaine de votre aventure.

Vos meilleurs ambassadeurs sont sous vos yeux, ce sont vos collaborateurs. Ce sont eux qui illustrent et nourrissent votre marque employeur. Comme vu plus haut, ils doivent être entendus au sens large : tous ceux qui passent, même un temps limité, dans votre entreprise, en font « l'expérience collaborateur » qui colorera votre marque employeur. Invitez-les à s'exprimer sur votre site Web, votre site carrière et/ou leurs comptes personnels sur les réseaux sociaux. La perception d'un message est plus crédible quand il vient d'un compte personnel : il génère huit fois plus d'engagement. La vidéo est un support convivial et efficace pour les réseaux sociaux : pourquoi ne pas créer votre page YouTube ?

| Visibilité | Efficacité | Performance |
| --- | --- | --- |
| Fréquentation de vos pages Carrières | Nombre de postes vacants | Taux d'absentéisme |
| Suivi des pages réseaux sociaux : nombre de followers actifs | Taux de transformation candidatures reçues/ recrutement/vivier | Taux d'accidentologie |
| Et vos concurrents ? | Coût d'un recrutement par origine | Taux de turnover |
| Avez-vous un community manager ? | | Engagement |
| Vos salariés sont-ils ambassadeurs ? | Analysez-vous les retours des candidats qui déclinent ? | Et leur évolution ! |
| Gardez-vous le lien avec vos anciens collaborateurs (stagiaires, apprentis, CDD...) ? | Quels sont les sujets les plus fréquents ? | Avez-vous un baromètre social ? |
| | | Sourire tous les matins ! |

© Fanny Letier

**Figure 24 – Évaluez la performance de votre marque employeur**

 **CARNET DE ROUTE**

### Capital humain

Prenez quelques minutes pour vous demander ce que vous appliquez déjà dans votre entreprise, ce que vous pourriez développer ou mettre en place. Peut-être d'ailleurs pouvez-vous avoir cette discussion avec votre Codir ? Puis organisez-vous pour activer ce levier de croissance !

### Points forts

Vous êtes peut-être fier de certains recrutements, de certaines réalisations collectives : quels ont été les facteurs clés de succès ?

.......................................................................................................

.......................................................................................................

.......................................................................................................

.......................................................................................................

.......................................................................................................

.......................................................................................................

### Axes de progrès

Avez-vous perdu des collaborateurs précieux ? Êtes-vous au niveau d'engagement maximal de vos collaborateurs ? Quelle image employeur renvoie votre entreprise ?

.......................................................................................................

.......................................................................................................

.......................................................................................................

.......................................................................................................

........................................................................................

........................................................................................

## Décision

Par quoi commence-t-on ? Quel verrou à la croissance fait-on sauter ?

........................................................................................

........................................................................................

........................................................................................

........................................................................................

## Objectif

Quel bonheur d'investir (encore plus) dans le capital humain ! Lâchez-vous sur l'ambition ! Choisissez 1 à 3 indicateurs clés de succès.

........................................................................................

........................................................................................

........................................................................................

........................................................................................

## Calendrier/Rétroplanning

Date de lancement ; date pour atteinte des objectifs. N'hésitez pas à caler des dates intermédiaires/points de rendez-vous.

........................................................................................

........................................................................................

........................................................................................

........................................................................................

........................................................................................

........................................................................................

## Responsable du projet

Qui est votre haut potentiel/personne clé sur ce levier ? Choisissez-le/la pour son amour de l'entreprise, ses valeurs et sa bienveillance. Donnez-lui carte blanche et permettez-lui de libérer la parole sur les « irritants » de vos collaborateurs, leurs besoins fondamentaux et leurs envies.

........................................................................................

........................................................................................

........................................................................................

........................................................................................

........................................................................................

## Contributeurs internes

Associez toutes les générations et veillez à la mixité.

........................................................................................

........................................................................................

........................................................................................

........................................................................................

........................................................................................

## Contributeurs externes

Qui peut vous donner un regard honnête sur votre réputation et votre marque employeur ? Pourquoi pas d'anciens stagiaires ?

......................................................................................

......................................................................................

......................................................................................

......................................................................................

......................................................................................

......................................................................................

## Votre marque employeur en un mot

C'est votre aimant à talents. Prenez le temps d'écrire ici les éléments essentiels (récit, projet, valeurs, expérience collaborateur) et évoquez-les en Codir pour en valider l'appropriation.

......................................................................................

......................................................................................

......................................................................................

......................................................................................

......................................................................................

......................................................................................

**Avec ce chapitre, vous avez fait un pas
vers la croissance durable.**

**Vous pouvez passer au suivant !**

# CHAPITRE 8

# LA RÉSILIENCE

## VOTRE ASSURANCE TOUS RISQUES

*« Que la force me soit donnée de supporter
ce qui ne peut être changé et le courage de changer
ce qui peut l'être mais aussi la sagesse de distinguer l'un de l'autre. »*

Marc Aurèle, empereur romain et philosophe stoïcien (121-180)

*« L'arbre tient bon ; le roseau plie.
Le vent redouble ses efforts,
Et fait si bien qu'il déracine celui de qui la tête au ciel était voisine,
Et dont les pieds touchaient à l'empire des morts. »*

Jean de La Fontaine, poète français (1621-1695)

*« La résilience, c'est l'art de naviguer dans les torrents. »*

Boris Cyrulnik, neuropsychiatre français (1937-)

Le chemin vers la croissance n'est pas linéaire. Vous avez en tête votre trajectoire pour les prochaines années, mais vous savez aussi que les plans, même les plus travaillés, ne se passent jamais comme prévu. Il va y avoir de bonnes surprises, mais aussi des obstacles et parfois des crises. Cela peut être lié à une crise économique généralisée ou à une « disruption » technologique ou concurrentielle ; cela peut provenir d'un accident humain (décès d'une personne clé, accident grave) ou opérationnel (attaque informatique, catastrophe naturelle…).

Ces accidents de parcours, vous ne pouvez pas les prévoir, mais vous pouvez vous y préparer.

La résilience de votre entreprise, c'est sa faculté à résister par tous les temps. Pour ne pas casser, un objet doit pouvoir être flexible, élastique. Il en va de même d'une entreprise : l'agilité dans l'organisation et les marges de manœuvre financière sont vos meilleures assurances tous risques.

Pour croître durablement, travaillez votre résilience interne.

### Quelques repères

- La gestion des risques est devenue un sujet stratégique pour les dirigeants de PME[1] : 65 % des dirigeants indiquent que c'est un enjeu majeur ou important pour leur entreprise et 40 % pensent que c'est un facteur de compétitivité. Pour autant, 69 % déclarent ne maîtriser que partiellement leurs risques, voire pas du tout. Les principaux freins identifiés sont le manque de temps et de ressources (56 %), les coûts de mise en place des changements ou des améliorations (36 %), et la difficulté à répercuter les changements dans l'organisation (35 %).

---

1. Étude menée par OpinionWay pour QBE, février 2018.

- La guerre économique est aussi celle de l'information et de la donnée. Aujourd'hui, selon la Direction générale de la sécurité intérieure (DGSI), plus de 20 % des attaques visant les entreprises sont liées aux systèmes d'information.
- L'exécution du changement est un art : 70 % des efforts de changement échouent, faute d'approche globale[1].
- La performance opérationnelle permet de renforcer la solidité financière. La mise en place du *lean manufacturing* améliore profitabilité et trésorerie. Selon certaines études, cela permettrait une réduction des rebuts de 80 %, une baisse des coûts de production de 50 % et des cycles de production raccourcis de 50 %[2]. Les entreprises les plus performantes en matière d'achats dégagent 30 % d'économies en plus par rapport aux moins performantes[3].

## Enjeux et convictions

- Croître dans la durée, c'est refuser le piège du « tourbillon du quotidien » et nourrir sa capacité de discernement. C'est être en veille sur les opportunités nouvelles mais aussi sur les risques, sur les facteurs externes de disruption, sur les signes internes d'alerte. C'est challenger ses intuitions, être conscient de ses émotions et éviter l'excès de confiance. C'est faire pour cela le pari de l'ouverture et de la prise de recul. Ce n'est pas parce que l'on a toujours réussi par le passé qu'on réussira toujours à l'avenir.
- Muscler son entreprise, c'est être acteur du changement plutôt que le subir. Anticiper et impulser le changement demande des efforts, mais peut vous donner un temps d'avance et vous préparer aux chocs ; restructurer *ex post* sera toujours plutôt coûteux, humainement et financièrement. Refusez la résignation. Regardez avec lucidité les impacts de chaque évolution,

---

1. Kotter John, « Leading Change: Why Transformation Efforts Fail », *Harvard Bussiness Review*, March-April 1995, p. 1.
2. Rahul V. Altekar, *Supply Chain Management: Concepts and Cases*, Prentice-Hall of India, 2005.
3. Études citées sur le site d'Accenture : https://www.accenture.com/fr-fr/service-bpo-procurement-overview-summary

positive ou négative. Assumez le changement, soyez transparent, donnez du sens et des perspectives, et associez vos équipes au changement.

- Robustesse ne veut donc pas dire immobilisme : au contraire, dans un monde en perpétuelle mutation, l'entreprise doit organiser son agilité et être dans l'adaptation permanente : « Une entreprise dans laquelle il n'y a pas d'ordre est incapable de survivre ; mais une entreprise sans désordre est incapable d'évoluer[1]. » C'est elle qui fait qu'en cas de crise, le roseau plie, mais ne rompt pas. Une organisation moderne et performante est une organisation agile.

- La solidité financière, c'est l'assurance-vie de tout entreprise. Visez l'excellence en la matière. Les résultats et la trésorerie sont les seuls juges de paix en période de crise. La croissance doit s'accompagner d'une démarche d'une gestion rigoureuse du besoin en fonds de roulement. L'amélioration continue de la performance opérationnelle est l'alliée de votre solidité financière et de votre croissance à long terme. Une vision plus stratégique des achats fait diminuer vos coûts de revient et participe à la création de valeur.

# ■ VOS LEVIERS

## LEVIER N° 1 : L'ANTICIPATION

L'entreprise évolue dans un monde par nature instable. Vous n'avez pas de boule de cristal pour prédire tous les changements mais, en mobilisant vos équipes et votre gouvernance, vous pouvez anticiper ceux qui découlent de l'évolution de votre environnement et ceux qui découlent de votre stratégie.

Une étude Eurofound[2] identifie cinq grands facteurs externes et quatre facteurs internes qui peuvent entraîner des réorganisations :

---

1. Bernard Nadoulek, musicien et consultant en stratégie.
2. Eurofound (2013), *Restructuring in SMEs in Europe*, Publications Office of the European Union, Luxembourg.

- évolutions macroéconomiques ;
- décisions politiques, réglementaires ou institutionnelles ;
- mondialisation ;
- progrès technologique ;
- changements démographiques ;
- personnalité de l'entrepreneur ;
- limitations internes ;
- dépendance clients/fournisseurs ;
- changement d'actionnariat ou de management.

Pour aller plus loin, et éviter la crise, vous devez identifier spécifiquement les risques pesant sur votre entreprise, analyser ses vulnérabilités internes et externes, et vous organiser pour les gérer. Bien sûr, vous avez certaines intuitions à ce sujet. L'actualité vous rappelle également régulièrement l'importance de certains sujets. Mais il faut aller au-delà pour faire une analyse globale et piloter l'évolution des risques.

Comme les stratèges militaires, il vous faut cartographier les risques « à froid ». Pour cela, identifiez toutes les activités de l'entreprise et les ressources que vous allouez à ces activités. Qu'est-ce qui pourrait menacer ces ressources, qu'elles soient humaines, financières ou de propriété intellectuelle ? Dans cette tâche, vous devez être aidé par votre DAF ou par la personne qui est en charge du contrôle interne. Prenez le temps de discuter de cette cartographie avec votre comité de direction et votre gouvernance. Avec le regard extérieur, leur exigence, ils vous aideront à la compléter ou à la relativiser.

Cette cartographie, ce n'est pas un document que l'on rédige une fois pour toutes. C'est un processus, c'est une matière vivante, à actualiser régulièrement, à mesure que vos ambitions et votre environnement changent… c'est-à-dire en permanence !

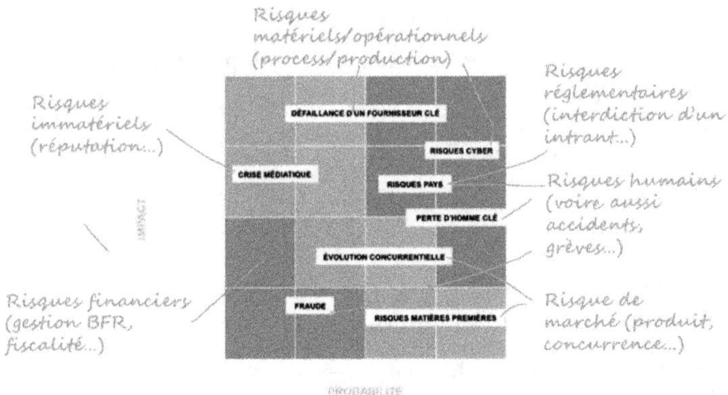


© Fanny Letier : adaptation de © QBE risk profile

**Figure 25 – Exemple de cartographie des risques**

Une fois ces risques identifiés et pondérés, vous pouvez mettre en place avec votre équipe de direction un plan d'action approprié. N'hésitez pas à vous entourer de conseils sur les risques majeurs, et vérifiez l'état de vos couvertures d'assurance.

 **Le saviez-vous ?**

Des outils existent pour vous armer face aux risques du XXI<sup>e</sup> siècle :

> L'ingérence économique : la naïveté n'est plus de ce monde ; la guerre de l'information et des technologies est ouverte. Les « flashs » ingérence économique de la DGSI sont de précieuses publications qui balaient des risques d'ingérence et donnent des conseils pratiques (usage professionnel des smartphones, accueil de délégations étrangères, etc.) Vous les trouverez ici : www.entreprises.gouv.fr/information-strategique-sisse/flash-ingerence

> › La cybersécurité : sur le site de l'Agence nationale de la sécurité des systèmes d'information (ANSSI), vous trouverez non seulement des préconisations sur les précautions à prendre, mais aussi des formations et MOOC : www.ssi.gouv.fr/
>
> › La corruption et la loi Sapin 2 : tolérance zéro. Vous trouverez un guide adapté aux problématiques des PME sur le site de Transparency International France : https://transparency-france.org/actu/guide-pratique-entreprises-loi-sapin-2/

Bien sûr, anticipez aussi les changements positifs ! À quand une cartographie des opportunités ? Visualiser les opportunités, c'est aussi se donner les moyens de les saisir : identifiez-les avec votre Codir, votre gouvernance, et organisez-vous pour les saisir.

Dans cette perspective, pourquoi ne pas faire la cartographie des risques de vos clients ? Connaître ses risques, c'est identifier ses besoins, et autant de pistes de développement pour votre entreprise.

## Le coach « Impact Positif » 

« Un optimiste voit les opportunités dans les difficultés et un pessimiste, c'est le contraire », disait Churchill. Cette citation s'applique bien au développement durable car les défis sociétaux et environnementaux de notre temps (émissions de $CO_2$, raréfaction des ressources, pauvreté…) sont aussi de formidables opportunités d'innovation.

Essayez d'avoir cette vision du verre à moitié plein (plutôt qu'à moitié vide) quand vous êtes confronté à un enjeu social ou environnemental qui vous apparaît spontanément comme une difficulté de plus (par exemple une nouvelle réglementation, une demande nouvelle d'un client, un contrat perdu pour insuffisance sur ces sujets, une difficulté à fidéliser les salariés de la génération Y, etc.).

Et si cela vous donnait l'occasion de transformer plus vite votre entreprise, vos pratiques, votre offre de produits et services ? Et si vous preniez de l'avance sur le sujet qui est ainsi pointé du doigt pour en faire une source d'innovation interne ou externe ?

À titre d'exemple, l'engagement dans l'écologie industrielle et l'économie circulaire qui fait aujourd'hui la réputation d'Interface, leader mondial des dalles de moquette de bureau, a ainsi vu le jour dans les années 1990, après que des architectes lui eurent de manière répétée posé la question des qualités environnementales de ses produits... qui à l'époque étaient inexistantes. Du coup, le fondateur Ray Anderson a répondu que l'entreprise n'avait jamais réfléchi à ce sujet mais s'engageait à devenir la première entreprise industrielle fonctionnant intégralement selon les lois du développement durable, avec zéro impact sur l'environnement, à horizon 2020.

Élisabeth Laville, fondatrice du cabinet spécialisé Utopies

# LEVIER N° 2 : LA PERFORMANCE ORGANISATIONNELLE

Pour vous adapter à un monde qui bouge, pour saisir les opportunités, nul doute que des changements d'organisation seront nécessaires. Certains peuvent être lourds et profonds, et mobiliseront tout votre leadership pour l'accompagnement du changement. Mais l'enjeu réel d'une entreprise de croissance est ailleurs : il est dans l'agilité et l'acceptation du changement permanent.

## Mener et accompagner les transformations

Si vous avez le sentiment que votre croissance génère de la surchauffe interne, que les équipes ont du mal à suivre le rythme, que la qualité de service au client diminue au fur et à mesure que les carnets se remplissent, c'est que vous devez vous transformer pour éviter la perte d'efficacité et la crise de croissance.

Si vous avez le sentiment que votre entreprise est arrivée à un plateau, qu'elle n'est pas totalement armée pour faire face aux nouveaux défis, qu'elle a perdu en capacité d'innovation ou en fluidité, c'est que vous devez vous transformer et vous réorganiser pour mieux repartir.

Ce n'est pas chose facile. Cela va générer des émotions, des tensions, et vous prendre beaucoup d'énergie. Mais c'est indispensable pour anticiper la crise.

Kurt Lewin[1] propose trois étapes de transformation :

- *Unfreeze*, c'est le moment où le changement est devenu impérieux, nécessaire à la survie de l'entreprise. Il faut défiger l'entreprise, avec un enjeu majeur d'appropriation à tous les niveaux ; vos managers doivent être totalement alignés[2].

- *Change*, c'est l'étape où, les esprits étant convaincus de la nécessité du changement, on peut procéder aux ajustements. Communiquer et faire des équipes des acteurs du changement sont deux facteurs clés de succès.

- *Refreeze*, c'est la stabilisation de la nouvelle organisation ou des nouveaux processus, c'est la mise en place des conditions de la pérennité et le retour à une forme de sécurité psychologique. C'est le moment de l'accompagnement et de la formation.

Mais comment impulser et piloter cela ? John Kotter[3] propose une approche en 8 étapes :

- Créer le sens de l'urgence : identifiez les opportunités et les menaces, communiquez et faites corroborer et objectiver votre analyse par des experts externes.

---

1. Lewin, Kurt (June 1947), « Frontiers in Group Dynamics: Concept, Method and Reality in Social Science; Social Equilibria and Social Change », *Human Relations 1: 5–41.*
2. Cummings S, Bridgman T, Brown K., (2016), « Unfreezing Change as Three Steps: Rethinking Kurt Lewin's Legacy for Change Management », *Human Relations 69 (1): 33–60.*
3. John Kotter, *Conduire le changement : feuille de route en 8 étapes*, Pearson, 2015.

- Créer une coalition dominante : identifiez et embarquez des leaders d'opinion dans toutes les catégories de salariés.

- Créer une vision : définir un objectif, la stratégie pour l'atteindre et les valeurs sous-jacentes.

- Diffuser la vision : communiquer beaucoup, agir en conséquence, répondre aux inquiétudes et ne surtout pas les glisser sous le tapis.

- Responsabiliser : recruter des agents du changement et valoriser ceux qui servent la vision.

- Obtenir des victoires rapides et les valoriser collectivement.

- Consolider les gains et commencer de nouveaux changements : capitaliser sur les bonnes pratiques, valoriser les opportunités de s'améliorer, susciter de nouvelles idées.

- Ancrer les nouvelles pratiques dans la culture d'entreprise : racontez les *success stories*, intégrez les valeurs de changement dans votre politique RH, valorisez votre première coalition de changement, créez des symboles forts.

Dans ces moments de transformation intense, l'humain sera comme toujours la clé de la réussite. Dans cette recherche de performance, l'impact des processus de restructuration sur les équipes – leur motivation, leur efficacité – ne doit pas être négligé. Gardez votre lucidité et prenez garde à :

- L'impulsivité, qui peut nous amener à aller de l'avant trop vite, sans planifier, sans anticiper les adaptations nécessaires. Le talent ne suffit pas, il faut que l'organisation suive.

- L'excès de confiance. Ce n'est pas parce que l'on a toujours réussi par le passé qu'on réussira toujours à l'avenir. En réalité, on apprend plus de ses échecs que de ses succès.

- La communication. Même si les changements à faire sont évidents pour vous, ils ne le sont pas forcément pour les équipes.

S'équiper d'outils d'analyse internes (comme les baromètres sociaux ou les outils de management visuel) peut faciliter la remontée de signaux d'alerte.

 **Le saviez-vous ?**

Au début des années 1970, Harry Levinson a extrapolé son analyse du deuil personnel pour réfléchir aux processus de changement au sein des organisations. Il a mis en lumière les émotions et les ressentis du deuil – colère, déni, dépression – pour les traduire en entreprise au moment des grands changements qui génèrent de l'angoisse. Il en conclut que le déni ou le fait de ne pas prendre en compte ces émotions en entreprise constitue un risque majeur d'échec de toute transformation. Il conteste ainsi les théories managériales réduisant le collaborateur à être purement rationnel, et aux théories du management comme celles de « la carotte et du bâton » en réintroduisant toute la valeur des émotions des collaborateurs, comme frein ou comme levier d'action.

Ces méthodes peuvent paraître un peu rigides. Elles sont indispensables quand vous faites face à un changement de grande ampleur et que rien ne doit être laissé au hasard. En revanche, ils ne correspondent pas à un mode de fonctionnement permanent.

Au-delà des grandes échéances et des grands projets, il vous faudra trouver le moyen de banaliser le changement, d'en faire un mode permanent, accepté comme tel, et de faire de l'adaptation continue votre culture d'entreprise : c'est l'agilité.

## Devenir une organisation agile

L'agilité n'est pas une réponse face à une étape donnée, un changement ou une difficulté. C'est une « manière d'être » nécessaire au

XXIe siècle. Être agile, c'est faciliter l'adaptation permanente plutôt qu'attendre et faire de grands changements *ad hoc*. Être agile, c'est accepter l'incertitude, accélérer le *feedback*, optimiser la valeur, coopérer efficacement en interne et avec les clients…

Les entreprises qui ont introduit les méthodes agiles estiment que cela a un impact positif[1] sur :

- leur capacité à gérer des priorités évolutives ;
- la visibilité de leurs projets ;
- la productivité des équipes ;
- la rapidité d'exécution et le raccourcissement du *time to market* ;
- la motivation des équipes.

---

**❀ Le saviez-vous ?**

*The Agile Manifesto* a été rédigé en 2001 par des experts du développement de logiciels qui estimaient que le traditionnel cycle de développement en cascade ne correspondait plus aux contraintes et aux exigences des organisations en évolution rapide. Les méthodes agiles ne sont pas apparues avec ce manifeste mais celui-ci détermine leur commun dénominateur et consacre le terme d'« agile » pour les référencer. Il se fonde sur quatre valeurs :

- › les individus et leurs interactions plus que les processus et les outils ;
- › un logiciel qui fonctionne plus qu'une documentation exhaustive ;
- › la collaboration avec les clients plus que la négociation contractuelle ;
- › l'adaptation au changement plus que le suivi d'un plan.

---

1. 11th Annual State of Agile Survey, VersionOne : http://stateofagile.versionone.com

Concrètement, pour votre entreprise, cela veut dire :

- Piloter par les enjeux plus que par les produits : comment développer des positions stratégiques, comment s'adapter aux évolutions du marché ?

- Encore et toujours, remettre le client au centre, et revoir la manière dont vous coopérez avec lui : l'objectif est d'innover et de gagner ensemble : rechercher l'avantage compétitif et la création de valeur, au rythme exigé par le marché, et pour cela favoriser les itérations pour éviter les tunnels et les déceptions, voire codévelopper et partager les gains.

- Savoir rester simple : tout le monde y gagnera : vous, votre client, l'utilisateur final. Pas de travail inutile, des économies et une facilité d'usage.

- Veiller à la soutenabilité : la surchauffe ne peut pas être un mode permanent ; le « rythme Agile » doit pouvoir être maintenu avec constance.

- Développer une culture « agile » fondée sur l'autonomie, la transversalité, le mode projet. Sur un projet, cela veut dire que le manager devient « coach » et favorise la prise de recul régulière, mais laisse les équipes s'autogérer, c'est-à-dire organiser en son sein le travail mais aussi les évaluations et les mesures correctrices. C'est aussi encourager le décloisonnement et les interactions entre équipes, pour éviter qu'elles ne s'antagonisent. Cela veut dire casser les lignes hiérarchiques pour faire des « *teams of teams*[1] ».

---

1. *Team of Teams: New Rules of Engagement for a Complex World*, General Stanley McChrystal, Tantum Collins, David Silverman, Chris Fussell, Portfolio Penguin, 2015.

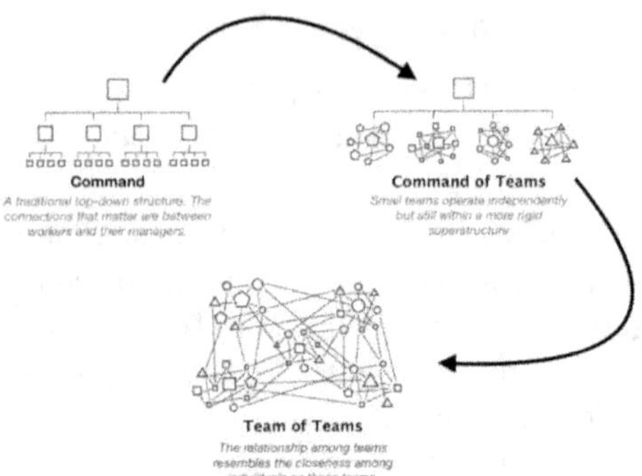


Source : General Stanley A. McChrystal, *Team of Teams*, Portfolio Penguin, 2015

**Figure 26 – De la chaîne de commande à la mise en réseau des équipes**

Le mot du coach

## Doubler de taille, ça passe par une adaptation de votre organisation
### Devenez agile

Les organisations doivent évoluer, repenser leur façon de faire, sortir des approches traditionnelles pour s'adapter et faire face aux enjeux d'un marché hyperconcurrentiel.

L'agilité apporte proactivité et efficacité des organisations au travers d'une approche itérative et incrémentale centrée sur les individus plutôt que sur les processus ou les outils. Elle repose sur des valeurs : l'écoute, la confiance, l'adaptation, la collaboration et l'amélioration continue.

En adoptant l'agilité vous allez réduire vos risques d'échec, donner de la visibilité à vos projets en impliquant vos équipes et vos partenaires économiques – fournisseurs et clients.

Même si l'agilité impose la mise en place de règles et l'accompagnement au changement des équipes, elle n'est plus une option car elle contribue à pérenniser les organisations.

Pour réussir, quelques conseils pratiques :

> Redonner du pouvoir aux individus : construire autour des individus plutôt que des outils en offrant une approche créative et collaborative.

> Adopter la stratégie des petits pas : introduire le *lean* ou l'agilité progressivement, démontrer concrètement les bénéfices, exploiter les premiers succès pour valoriser la démarche et la diffuser plus largement.

> Favoriser la simplicité : réduire au maximum la quantité de travail inutile.

> Travailler dans l'amélioration continue : réfléchir continuellement aux moyens de devenir plus efficient, accepter de se remettre en question continuellement, de s'adapter en conséquence.

> Faire le choix de la transparence : l'agilité apporte de la transparence, le dialogue en face à face la favorise.

> Collaborer avec vos clients : réduisez votre risque en impliquant vos clients dans une démarche de collaboration plutôt que dans la systématique négociation contractuelle.

> Améliorer les conditions de travail de vos équipes : une équipe agile est soudée, elle est plus engagée, elle est plus performante, elle véhicule une image positive alors investissez sur leur environnement de travail.

Eric Perrier, directeur général, Viseo

## LEVIER N° 3 : LA PERFORMANCE OPÉRATIONNELLE

Dégager des marges de manœuvre financière, c'est encore la meilleure manière de résister par grand vent.

### Soyez *lean* !

Le *lean* est né dans l'industrie à partir du modèle Toyota. Le principe est la réduction, voire l'élimination du gaspillage (*muda* en japonais) dans vos processus, pour se concentrer sur la création de valeur pour le client. « Le type de gaspillage le plus dangereux est celui que nous ne voyons pas » (Shigeo Shingo, ingénieur japonais spécialiste de la méthode Kanban de Toyota).

Être *lean* (maigre, léger) c'est le moyen pour vous :

- de gagner en compétitivité ;
- de dégager des marges de manœuvre financière (notamment gestion de la trésorerie) ;
- d'assurer un meilleur service au client (qualité, taux de service) ce qui le fidélise à long terme.

C'est viser l'excellence, pour durer !

Concrètement, il s'agit de regarder vos flux, vos processus d'un œil neuf pour identifier et éliminer les sources de gaspillage :

- MUDA (« Gâchis ») : où perdez-vous du temps et de la matière ? Analysez : transport, temps d'attente, surproduction, défauts, niveau de stocks, mouvements inutiles, sur-traitement, sur-sollicitations ou sous-sollicitations des salariés.
- MURA (« Variations, inconsistance ») : quelles sont les variations inappropriées de performance des procédés de fabrication venant des changements de volume, de matières premières, de mix produits, de maîtrise des processus, etc. ?
- MURI « (Zèle ») : le *lean* combat les consignes irréalistes de charge de travail ou de cadence pour le personnel et/ou les équipements.

Ce regard neuf vise aussi à créer la valeur attendue par le client :

- Pas plus ! Il s'agit d'analyser ce que le client veut vraiment et ce qu'il est prêt à payer. Si une tâche ne renforce pas la valeur pour le client, il faut la supprimer.
- Mais mieux : l'élimination des déchets réduit les coûts et les délais de livraison. Il s'agit aussi d'aboutir, par la réorganisation des flux, à une qualité supérieure.

- Et pour longtemps. Le *lean* est une démarche d'amélioration continue : l'objectif est que les équipes prennent le réflexe de chercher et d'identifier les améliorations chaque jour, chaque année, encore et encore.

Dans l'industrie, le *lean manufacturing* produit des résultats très tangibles. Pour Womack et Jones[1], il permettrait de diviser par deux :

- le taux de défaut sur les produits ;

- le temps de production d'un nouveau produit ;

- le besoin de surface à production égale ;

- les heures de travail des employés directs et indirects.

Mais le *lean* est aujourd'hui décliné bien au-delà de l'industrie :

- Le *sales and operations planning* (S&OP) c'est un peu le *lean* appliqué aux ventes ! Il consiste à faire travailler les équipes vente, marketing, opération et finance de manière transverse afin d'aligner les objectifs du plan des ventes et marketing, les objectifs financiers et les capacités internes de l'entreprise afin d'optimiser l'allocation des ressources et de fixer des objectifs durables[2].

- Le *lean office/lean administration* consiste à appliquer les principes de *lean* dans des environnements de services où l'information construit la valeur du flux. Il vise à améliorer l'efficacité de traitement de l'information/des dossiers, la performance des équipes de gestion, l'application des directives opérationnelles, par exemple.

---

1. James Womack et Daniel Jones, *Système Lean. Penser l'entreprise au plus juste*, Pearson Education, 3e édition, 2009.
2. Laurent Deirmendjian, IBM : http://www.icriq.com/fr/articles.html/-/asset_publisher/fZ4Q/content/le-processus-s-op-pour-trouver-l-equilibre-entre-la-planification-strategique-et-opera-tionnelle/maximized

- Le *lean management* et le *lean thinking* sont la marque d'une entreprise qui a intégré à son quotidien, à son management, à sa culture, tous les principes du *lean*, pour arriver à un modèle d'organisation apprenante.

## Le coach digital

**Vous avez dit dématérialiser les processus administratifs ?**

Le premier *quick win*, ce sont les factures de vente et la validation des notes de frais… Le vrai *game changer*, c'est la dématérialisation des ressources humaines. L'envoi et l'archivage des bulletins de paie sont un premier levier. Mais c'est tout le dossier du salarié qui peut être dématérialisé : proposition d'embauche, contrat et avenants, arrêts de travail, comptes rendus de formation, comptes rendus d'entretien, fiches de paie… Des solutions comme Tessi Documents Services vous permettront de paramétrer l'archivage ou la suppression de ces éléments qui ont tous une durée de vie différente.

William Porret, fondateur d'ENORA Consulting

## LEVIER N° 4 : UNE VISION PLUS STRATÉGIQUE DES ACHATS

Avez-vous pensé à agir sur les achats pour accroître vos marges ?

Les achats représentent, selon les secteurs, entre 30 et 80 % du chiffre d'affaires, et ce poids est en augmentation avec la concentration des entreprises sur leur cœur de métier. C'est un levier pour :

- diminuer le prix de revient grâce à la sécurisation des approvisionnements, un meilleur prix, une plus grande flexibilité des contrats et la réduction des coûts inutiles ;

- accroître le prix de vente en faisant des achats qui apportent de la valeur, des achats innovants ou du codéveloppement.

La matrice de Peter Kraljic vous permet de construire une représentation de vos achats. Elle confronte l'impact sur la rentabilité, c'est-à-dire l'importance stratégique de différentes catégories d'achat et le risque d'approvisionnement, soit la complexité des fournisseurs. Elle doit vous permettre de construire une stratégie différenciée en fonction de vos objectifs et des différentes catégories d'achat[1].

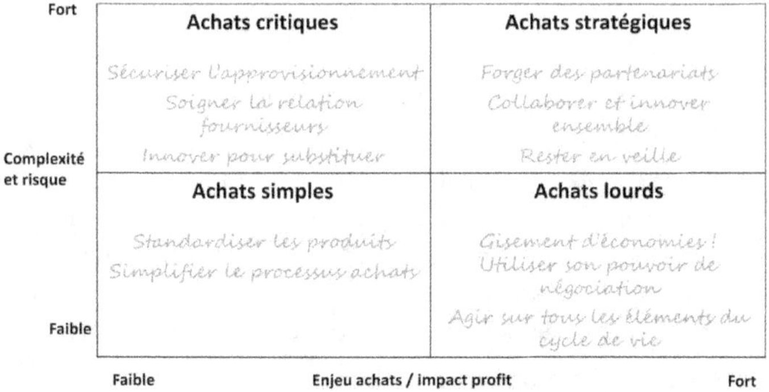

Source : adaptation de Peter Kraljic, Harvard Business Review, 2013

**Figure 27 – Développer une vision stratégique des achats**

## LEVIER N° 5 : PASSER DU SUIVI AU PILOTAGE[2]

À la fin des fins, le juge de paix en matière de performance, c'est le taux de marge opérationnelle. À vous de la piloter ! Il s'agit de définir vos objectifs à court et moyen terme, mais surtout une stratégie pour les atteindre. Pour en suivre l'évolution, fixez-vous des indicateurs et contrôlez votre progression. En cas d'écart, élaborez les

---

1. Pour aller plus loin : Olivier Bruel, *Management des achats*, Economica, 2e édition, 2014.
2. Carla Mendoza, Marie-Hélène Delmond, Hélène Löning, Madeleine Besson, Carole Bonnier, Olivier Bruel, *Tableau de bord : donnez du sens à vos indicateurs*, Groupe Revue Fiduciaire, 3e édition, 2011.

plans d'actions nécessaires à la correction. Et si les écarts sont trop grands… peut-être faut-il revoir vos objectifs…

Les facteurs clés de succès sont les suivants :

- Ayez une approche globale et transparente : les objectifs globaux, finaux, doivent être transparents et connus de tous. Lorsqu'ils sont « cascadés », ils doivent être adaptés à chaque niveau d'intervention mais la compréhension du sens global reste essentielle.

- Toujours penser au client ! Vos indicateurs doivent couvrir les trois termes : délais, coûts et qualité.

- Soyez simple et intelligible. Traduisez les objectifs en indicateurs tangibles financiers (marge brute, REX[1]/capitaux investis ; REX/ventes ; BFR…) ou physiques : taux de non-qualité, taux de service, taux de satisfaction clients, délais de mise à disposition, délais de paiement, nombre de pièces produites par mois…

- Facilitez l'appropriation : coconstruire les objectifs avec les équipes peut y contribuer. Vous pouvez aussi établir un lien entre les indicateurs physiques ou financiers et l'intéressement des salariés, plutôt sur le moyen terme, et introduire des indicateurs RSE.

- Évitez les usines à gaz : les équipes doivent pouvoir renseigner les outils – évitez les manipulations trop complexes ; mieux vaut peu d'indicateurs, simples et pertinents, plutôt que des indicateurs multiples mal renseignés.

- Garantir la stabilité dans le temps : cela vous permettra de mesurer les progrès et renforcera l'appropriation.

---

1. Retour d'expérience.

 Parole d'entrepreneur :
Jean-Paul Leveaux, P.-D.G. de ST Finance

### Piloter son entreprise

Piloter son entreprise c'est d'abord définir une « situation cible » à cinq ou dix ans en faisant abstraction de toutes les contraintes réelles, par exemple atteindre une certaine taille, se diversifier sur plusieurs métiers, être présent sur tous les marchés... ensuite définir la stratégie pour y parvenir et enfin partager cette vision.

Piloter une entreprise dans le cadre de cette stratégie claire, c'est savoir se doter d'outils de synthèse et en même temps savoir plonger dans le détail.

La gestion financière doit être fondée d'abord sur des indicateurs fondamentaux, par exemple marge brute (et non chiffre d'affaires !) ou capacité d'autofinancement (et non résultat net !), ensuite sur un calendrier régulier permettant d'avoir des informations « fraîches », sous trente jours, et significatives, par exemple, sur un trimestre plutôt que sur un mois et enfin autant sur la structure bilancielle que sur le compte de résultat, par exemple suivre l'évolution de son fonds de roulement autant que son niveau d'excédent brut d'exploitation.

La gestion des ressources humaines est sans cesse rendue difficile par le quotidien ; mouvements entrées-sorties, obligations sociales, absentéisme, etc. Il est nécessaire d'établir un bilan social tout aussi régulier que le bilan financier afin d'établir une gestion prévisionnelle de l'emploi et des compétences. L'anticipation permet de recruter, de former ou de faire évoluer mieux et plus vite.

La gestion commerciale envahit souvent le quotidien du chef d'entreprise. Il faut absolument éviter la noyade en s'entourant de compétences commerciales suffisantes à qui l'on donne une réelle autonomie de décision et des objectifs réalisables.

## LEVIER N° 6 : L'IMAGE ET LA RÉPUTATION

La communication construit votre image et cette image fonde la confiance. C'est un actif précieux, qui se construit sur le long terme. Construisez une image de fiabilité et de performance. Cela enclenchera un cercle vertueux de performance !

Communiquer en interne sur vos résultats (développement, transformation, performance) renforce votre leadership. Les succès crédibilisent vos démarches de transformation et faciliteront les prochaines initiatives. L'amélioration sera d'autant plus continue que les résultats sont tangibles. Votre capacité à rester résilient demain dépend aussi de votre capacité à générer de la fierté et de l'appartenance en interne, et cela passe par de belles histoires, qui nourrissent la grande histoire commune.

Communiquer en externe est essentiel parce que la réputation est cumulative : l'ensemble des bonnes nouvelles que vous annoncez construisent une image positive et solide. Plus cette image sera forte dans les esprits, plus elle résistera aux éventuels accidents de parcours. Lorsque vous impulsez un changement, une transformation également, communiquer en amont vis-à-vis de vos partenaires stratégiques et montrer que leurs intérêts sont pris en compte dans la démarche, permettra d'en éclairer le sens et de faciliter l'appropriation de votre écosystème.

Et si la crise arrive ? Rappelez vos réussites passées ; communiquez sur le renforcement de vos capacités et sur votre capacité à la surmonter. On vous fera davantage confiance pour affronter une crise si vous avez une réputation d'excellence, d'agilité, de robustesse.

## Le mot du coach 

### Et si vous faisiez face à une crise, comment communiquer et préserver votre capacité de résilience ?

Vous voulez doubler de taille : plus votre stratégie de croissance sera ambitieuse, plus vous devez vous préparer à la possibilité d'une crise, parce qu'elle est plus probable. Mal préparée, elle peut détruire la valeur que vous construisez aujourd'hui. Si une crise survient, si les médias ou les réseaux sociaux s'en emparent, si votre écosystème montre des signes de doute ou d'agacement, qu'est-ce qu'on fait ? Et surtout, qu'est-ce qu'on dit ?

D'abord, rassurez-vous, la communication de crise n'est innée pour personne. Un dirigeant sur deux a peur de prendre la parole[1]. Et il y a de fortes chances pour que le second n'ose pas le dire... Mais bonne nouvelle : la communication de crise, ça s'anticipe.

> 1er étage de la fusée : le travail sur vos valeurs et votre ADN. Si tout est normal, votre vision et votre plan stratégique s'ancrent dans vos valeurs et vous avez déjà formulé ce qui fait votre unicité et votre engagement. C'est votre point de départ, c'est la fenêtre par laquelle vous regardez la crise.

> 2e étage de la fusée : identifiez de manière générale, et à chaque opération de croissance, les risques d'image potentiels : nature de l'activité, sécurité (personne, données, alimentaire...), réputation d'un partenaire, décalage des prises de position d'un dirigeant... Et réfléchissez à froid aux éléments de réponse. Testez-les en interne.

> 3e étage de la fusée : écrivez les processus et la méthode. Qui sont les porte-parole en plus du patron lui-même ? Comment et avec qui fonctionne la cellule de veille ? Quel est le mécanisme de validation ?

> 4e étage de la fusée : établissez progressivement en amont un réseau relationnel dans les médias nationaux si vous pouvez, locaux en priorité. Soyez un visage et le souvenir d'un échange intéressant, plutôt

---

1. Baromètre 2014 The Message Company.

qu'un nom et un logo. En cas de crise, on fait toujours plus confiance à une personne avec qui l'on a pris un café.

**DO**

> Parlez vite dès la révélation d'une crise, soyez accessible et joignable.

> Faites preuve d'empathie.

> Préparez les trois messages clés que vous devrez énoncer lors de votre entretien.

> Partagez ces messages avec l'interne : partout dans la région, vos collaborateurs sont des ambassadeurs à qui l'on demandera des comptes au moment du dîner.

> Annoncez les mesures correctives avant qu'on ne vous les impose.

**DON'T**

> Ne restez pas silencieux, ne vous cachez pas en attendant que ça passe.

> Ne mentez pas.

> N'émettez pas de phrases négatives, angoissantes ou amères (ne reprenez pas les termes ni les provocations de votre interlocuteur).

Pour doubler de taille, faites de votre parole un levier de préservation et de création de valeur.

Marie Petitcuénot, CEO de 15 Juillet,<br>cabinet spécialisé dans la prise de parole des dirigeants

## CARNET DE ROUTE

### Résilience

Prenez quelques minutes pour vous demander ce que vous appliquez déjà dans votre entreprise, ce que vous pourriez développer ou mettre en place. Peut-être d'ailleurs pouvez-vous avoir cette discussion avec votre Codir ? Puis organisez-vous pour activer ce levier de croissance !

### Points forts

Si vous avez vécu une crise, qu'est-ce qui vous a aidé à en sortir ?

......................................................................................

......................................................................................

......................................................................................

......................................................................................

......................................................................................

### Axes de progrès

Si vous avez vécu une crise, qu'est-ce qui vous a posé le plus de difficulté pour en sortir ? Si vous mesurez votre performance, quels sont les indicateurs à améliorer ? Si vous ne la mesurez pas… vous avez la réponse !

......................................................................................

......................................................................................

......................................................................................

......................................................................................

..................................................................................

..................................................................................

**Décision**

Par quoi commence-t-on ? Quel verrou à la croissance fait-on sauter ?

..................................................................................

..................................................................................

..................................................................................

..................................................................................

..................................................................................

..................................................................................

**Objectif**

Choisissez 1 à 3 indicateurs d'amélioration de votre performance.

..................................................................................

..................................................................................

..................................................................................

..................................................................................

..................................................................................

..................................................................................

**Calendrier/Rétroplanning**

Date de lancement ; date pour atteinte des objectifs. N'hésitez pas à caler des dates intermédiaires/points de rendez-vous.

..................................................................................

..................................................................

..................................................................

..................................................................

..................................................................

..................................................................

## Responsable du projet

Qui est votre haut potentiel/personne clé sur ce levier ? Qui va relever le défi ? Qui voulez-vous motiver ?

..................................................................

..................................................................

..................................................................

..................................................................

..................................................................

## Contributeurs internes

La résilience, ça commence par le désilotage ! Créez un groupe transverse.

..................................................................

..................................................................

..................................................................

..................................................................

..................................................................

### Contributeurs externes

Vos clients peuvent-ils être embarqués dans cette démarche ?

........................................................................................

........................................................................................

........................................................................................

........................................................................................

........................................................................................

........................................................................................

### Vos trois risques majeurs

Quels sont selon vous les cinq principaux risques auxquels l'entreprise doit faire face ? Croisez cette analyse avec votre Codir et faites-le travailler sur ces sujets.

........................................................................................

........................................................................................

........................................................................................

........................................................................................

........................................................................................

**Avec ce chapitre, vous avez fait un pas
vers la croissance durable.**

**Vous pouvez passer au suivant !**

## DU CARBURANT DANS LE MOTEUR

*« Faites-moi de bonne politique et je vous ferai de bonnes finances. »*

Baron Louis, homme politique et diplomate français (1755 – 1837)

*« Si l'on n'investit pas sur le long terme, il n'y a pas de court terme. »*

George David, industriel américain (1942-)

C'est le nerf de la guerre. Vous le savez mais quelle plaie d'aller expliquer vos besoins à vos financiers… et quel stress lorsque l'on attend la réponse du comité de crédit ou du comité d'investissement ! Et si l'on renversait la perspective ?

Une entreprise de croissance se doit d'être proactive dans sa politique de financement. Passer du temps à clarifier ses besoins, à évaluer ses marges d'erreur et besoins de sécurité, à dialoguer avec ses financeurs pour gagner leur confiance, c'est gagner du temps dans la mise en œuvre de votre stratégie de croissance, optimiser le coût du financement et vous offrir le luxe de penser à moyen et long terme.

Pour doubler de taille, professionnalisez votre fonction financière et embarquez vos financeurs dans votre aventure de croissance.

**Quelques repères**

- Les PME et ETI qui « surperforment » en termes de croissance présentent des besoins de financement spécifiques. L'Observatoire du financement des entreprises[1] constate qu'elles ouvrent plus fréquemment leur capital et que le financement par la dette de l'investissement et des besoins de fonds de roulement ressort comme un facteur de croissance.
- Le capital investissement accompagne la croissance des entreprises. De 2009 à 2016, la croissance des entreprises accompagnées par un fonds de capital investissement français est supérieure à celles du PIB nominal des pays de l'OCDE (+ 40,4 % *vs* + 28,4 %) et du PIB nominal français (+ 40,4 % *vs* + 15,0 %)[2].
- L'endettement des entreprises françaises ne cesse d'augmenter depuis dix ans[3] : d'environ 100 % en juin 2007, le taux d'endettement des sociétés non financières françaises est passé à 129,6 % en juin 2017. Dans le même temps, les entreprises allemandes se désendettaient : de plus de 100 % en juin 2007, leur taux d'endettement est passé à 89,7 %.
- Le financement de marché est encore sous-développé. 5 milliards d'euros ont pu être levés en 2015 dont 3,7 milliards d'euros sous la forme de fonds propres (pour 171 entreprises) et 1,8 milliard d'euros sous forme de placement privé (pour 44 sociétés). En revanche, la France compte seulement 525 entreprises cotées[4].

---

1. Observatoire du financement des entreprises, *Rapport sur le financement des PME et ETI en croissance*, octobre 2015.
2. Étude AFIC-EY, 2016.
3. Banque de France, *Stat Info, Taux d'endettement des agents non financiers, Comparaisons internationales*, 2e trimestre 2017.
4. Observatoire du financement des entreprises par le marché, *Rapport annuel*, 2015.

 **Enjeux et convictions**

- Gouverner, c'est prévoir : vous devez avoir une vision claire de vos besoins de financement. Un plan de financement se fonde sur une analyse précise de vos flux de trésorerie. Surveillez aussi le BFR qui peut exploser en période de croissance sans mise sous contrôle appropriée.
- Surveillez votre notation de crédit : faite par la Banque de France, votre banque, votre assureur crédit ou une agence de notation, elle ne reflète il est vrai que vos performances historiques, et ne dit rien de votre potentiel futur, mais une dégradation de votre note peut nuire à votre image, voire entraîner des conséquences négatives (augmentation du coût du financement, parfois retrait de certains banquiers) et aggraver les difficultés.
- Une entreprise de croissance doit se ménager de la flexibilité financière pour financer le BFR, saisir les opportunités, pour ne pas être dépendante des cycles économiques, pour passer outre les aléas intrinsèques à la prise de risque. Pensez vos solutions financières sous forme de bouquet et réservez-vous des marges de manœuvre.
- Considérez vos financiers comme des partenaires et soignez votre communication financière : certes vous n'avez pas les mêmes intérêts, certes ils ne connaîtront jamais votre *business* aussi bien que vous, mais embarquez-les dans votre histoire, jouez la transparence et le long terme avec eux ; mieux informés, associés en amont, ils vous le rendront au centuple : quand ils seront là malgré les difficultés, quand leur confiance accrue leur permettra de financer votre prise de risque, quand leur réactivité vous offrira la possibilité de saisir les opportunités.
- Considérez l'ouverture de capital comme un accélérateur : à condition de bien choisir votre partenaire, et d'en faire un *sparring partner*, l'ouverture de capital vous apportera solidité et flexibilité financière, partage de risque, apport d'expertise voire soutien opérationnel, et *in fine* accélérera la croissance et la création de valeur. Si vous craignez la perte de contrôle, ne jetez pas l'éponge immédiatement, des solutions existent.

## ■ VOS LEVIERS

### LEVIER N° 1 : UN DIALOGUE DE CONFIANCE AVEC VOS PARTENAIRES FINANCIERS

Une entreprise de croissance a besoin de partenaires financiers solides et de confiance. Vos ambitions de croissance vous amèneront à solliciter (encore plus) régulièrement vos financeurs, pour vos projets de développement et de transformation. Tant que votre entreprise est stable et rentable, aucun problème : les banquiers se battront pour vous octroyer des financements, vous pourrez les mettre en concurrence, obtenir les meilleures conditions, choisir de manière opportune l'un, puis l'autre.

Mais si les choses devaient se compliquer ? Vous voulez doubler de taille, cela veut dire prendre des risques et mettre en œuvre des stratégies nouvelles, qui peuvent échauder certains banquiers s'ils ne les comprennent pas. Cela veut dire aussi avoir des échecs, ce qui n'est pas un problème s'ils restent ponctuels dans une relation riche et de long terme. Mais un échec peut être stigmatisant pour un financeur sollicité ponctuellement pour un projet et sans autre relation à votre entreprise.

Savoir s'entourer, c'est donc aussi constituer son équipe de financeurs. Avoir un nombre de banquiers limité (à déterminer en fonction de la taille de votre entreprise), et entretenir avec eux des relations nourries et régulières vous permettra de les embarquer dans votre aventure, et vous fera gagner du temps.

L'objectif est de sceller votre destin commun : pour le banquier, une relation entretenue et privilégiée est génératrice de *side business*. C'est son intérêt de plonger dans la connaissance de votre société pour mieux la servir et vous proposer un éventail aussi large que possible de solutions compétitives, et éviter que vous ne consultiez la concurrence.

Pour vous, choisir quelques banquiers et instaurer une relation de long terme avec eux, c'est gagner en réactivité et en assurance :

- ils sauront analyser plus facilement la situation lorsque vous les solliciterez ;
- leur meilleure compréhension de l'entreprise leur permettra de la valoriser à sa juste valeur et de prendre davantage de risques ;
- leur exposition globale les conduira à être plus constructifs en cas de difficulté : un dérapage est possible s'il est compris, expliqué et ponctuel.

Concrètement, il s'agit de donner à vos financeurs une vision globale de votre entreprise. Aucune décision de financement ne peut être prise sur la base de critères financiers uniquement. Votre banquier (mais il en va de même d'un financeur obligataire ou d'un investisseur) a besoin de comprendre que c'est une bonne décision et qu'elle générera de la valeur. Son analyse financière sera d'autant plus pertinente qu'il connaît votre *business*. Formez vos financeurs !

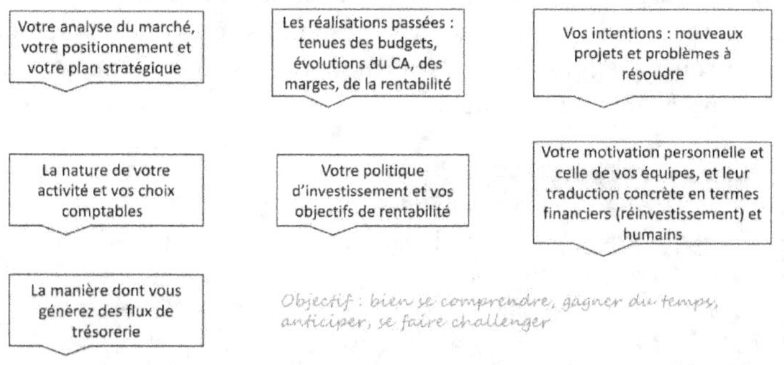


© Fanny Letier

**Figure 28 – Partir sur de bonnes bases avec un financeur**

Vous pouvez le faire à travers des réunions bilatérales mais une bonne manière de formaliser votre « pool » est d'organiser une réunion annuelle, collective, par exemple à l'occasion de la présentation des comptes. Et pourquoi pas organiser un moment de convivialité en fin de réunion ?

S'agissant de vos motivations, pensez toujours qu'un financier ne considère que la rentabilité. Vous pouvez avoir d'autres objectifs : taille critique, préservation de l'environnement, emploi, partage de la valeur avec vos salariés… Votre banquier n'est pas forcément en désaccord avec ces points ; il considère simplement que la rentabilité de l'entreprise est la meilleure manière de servir ces autres objectifs. Votre capacité à dégager des flux de trésorerie d'exploitation supérieurs aux flux d'investissement reste sa boussole pour financer toute décision d'investissement. Il vous faudra donc être robuste sur ce point.

Par ailleurs, la réputation, l'intégrité et l'éthique sont aujourd'hui des sujets surdéterminants dans les décisions de financeur. Ne transigez pas avec ces questions : le monde évolue vers une tolérance zéro. Soyez très vigilant quant à votre image : une seule sanction peut vous pénaliser à vie pour le financement de votre entreprise. Vous devez mettre en place en interne les dispositifs nécessaires de gestion des risques, de lutte contre la corruption mais aussi de maîtrise de vos prestataires sur ces questions.

## Le coach « Impact Positif » 

D'une approche guidée essentiellement par les risques (visant à minimiser les impacts négatifs), les financiers évoluent tout doucement vers la quête d'un impact positif de l'entreprise sur la société. Et cette approche ne concerne pas seulement les investisseurs dits « à impact » : ainsi, début 2018, Larry Fink, le président de BlackRock premier fonds d'investissement au monde, annonçait dans sa lettre annuelle aux entreprises intitulée « The sense of purpose » qu'il n'investirait plus désormais que dans des entreprises soucieuses, non pas seulement de limiter les risques liés à leurs activités, mais bien d'avoir une contribution positive à la société.

Intégrez donc la RSE et des indicateurs extrafinanciers à votre *reporting*, de manière systématique. Et astreignez-vous à montrer les liens entre l'extrafinancier (ex. : performance environnementale, fidélité des équipes...) et le financier (coûts, économies, profits additionnels...), en tenant compte du fait que les échelles de temps ne sont parfois pas les mêmes. Présentez ces éléments aussi souvent que possible, en externe mais aussi en interne, cela vous aidera aussi à convaincre les plus récalcitrants dans l'entreprise, parfois au plus haut niveau.

Élisabeth Laville, fondatrice du cabinet spécialisé Utopies

## LEVIER N° 2 : L'ANTICIPATION DE VOS BESOINS DE FINANCEMENT

Pour vous, comme pour vos financiers, vous devez avoir à disposition un plan de financement clair, et le remettre à jour régulièrement. Ce plan de financement liste vos besoins de financement et les ressources mobilisées pour y faire face. Pour mémoire, vos besoins sont vos investissements (immobilisations), la variation du BFR, vos remboursements d'emprunt et vos distributions de dividendes.

À vous d'anticiper et de construire un plan de financement à trois ou cinq ans qui décline votre plan stratégique.

 **Le saviez-vous ?**

La fédération bancaire française a élaboré un guide pratique pour l'élaboration d'un plan de financement, avec un modèle téléchargeable : http://www.fbf.fr/fr/files/9FTC52/Mini-guide-Pro-9.pdf

Pour l'élaborer, vous devez d'abord définir une politique d'investissement très claire. Quels sont les investissements nécessaires pour mettre en œuvre votre plan stratégique ? Et comment les calibrer ?

Vos investissements ne doivent pas être calés sur vos *cash-flows*, mais être décidés et calibrés en fonction de leur pertinence et de leur rentabilité. Comme le disent très bien les auteurs du « Vernimmen », ouvrage de référence en matière de finance d'entreprise, « la génération de richesse nécessite des investissements qui doivent être financés et être suffisamment rentables[1] ». Si un investissement est stratégique et rentable, à vous d'aller chercher les ressources qui vous permettront de le réaliser. Inversement, si l'espérance de rendement d'un investissement est inférieure à la rentabilité promise aux actionnaires, il ne fait pas sens, même si vous avez la capacité à le financer.

Vous devez éviter, d'une part, le sous-investissement qui nuirait à la compétitivité de votre entreprise, mais aussi, d'autre part, le surinvestissement qui conduit à investir dans des projets trop peu rentables et pourrait provoquer des tensions de trésorerie… et des tensions avec vos banquiers ou vos investisseurs ! Rappelez-vous que les *free cash-flows* issus du tableau des flux de trésorerie sont en réalité ce qui vous permettra de rembourser vos banquiers et de rémunérer vos actionnaires. À vous de justifier ce qui vous pousse à mobiliser de la trésorerie disponible pour ces investissements. En pratique, dans une entreprise de croissance, le taux de croissance des investissements et le taux de croissance des flux de trésorerie d'exploitation doivent évoluer de manière parallèle.

Dans une entreprise de croissance, une attention toute particulière doit aussi être portée au financement du BFR. Vous devez anticiper son évolution au regard de votre plan stratégique. Quelques

---

1. Pierre Vernimmen, Pascal Quiry, Yann Le Fur, *Finance d'entreprise*, Dalloz, 16ᵉ édition, 2018.

entreprises ont un positionnement stratégique qui leur permet d'avoir un BFR faible, voire négatif : c'est le reflet d'un rapport de force en leur faveur avec leurs clients et fournisseurs. Pour les autres, le BFR doit être surveillé comme le lait sur le feu car, en pratique, il croît plus vite que le chiffre d'affaires. Deux grandes explications peuvent être données à cela[1] :

- l'attention portée par le dirigeant aux développements stratégiques et commerciaux, surtout quand ils sont ambitieux, peut le conduire à se détourner de la gestion quotidienne ;

- la stratégie de croissance peut conduire une entreprise à modifier son positionnement dans la chaîne de valeur et/ou à alourdir son bilan, avec une modification structurelle du BFR.

Il convient donc d'analyser l'évolution du BFR avec la plus grande précision, et de mettre en place des politiques de performance opérationnelle et de performance achats adaptées (*cf.* chapitre 8 « La résilience »).

Pour analyser vos besoins, et lever en face les financements adaptés, il vous faut un directeur financier solide. Ce directeur financier (DAF) doit inspirer confiance à vos financeurs, par sa fiabilité, sa rigueur et sa disponibilité. Il doit mobiliser les équipes en interne pour que les données nécessaires aux *reportings* financiers soient disponibles et de qualité, et interagir avec eux sur l'interprétation des résultats et notamment l'analyse des écarts. Il doit être force de proposition pour vous aider à constituer le bon bouquet de financements. Trop souvent, les PME ont un simple « responsable comptable » et le dirigeant se retrouve en première ligne. Si vous êtes dans ce cas, pensez

---

1. *Finance d'entreprise, op. cit.* : un grand nombre d'idées de ce chapitre sont tirées de cet ouvrage de référence : n'hésitez pas à le lire ! Cela vous aidera à structurer votre information financière mais aussi à comprendre le raisonnement des financeurs.

dans un premier temps à la solution de DAF en « temps partagé » : mieux vaut avoir un bon DAF deux jours par semaine qu'un mauvais responsable comptable toute la semaine.

Il faut enfin avoir en tête que votre écosystème financier va évoluer dans le temps : une entreprise de croissance a besoin de diversifier son bouquet de financements (*cf.* infra) et progressivement de manipuler des outils financiers plus sophistiqués. Passer de la banque régionale à la banque d'investissement nationale voire internationale, cela s'anticipe. Vous devrez trouver un équilibre entre des interlocuteurs qui ont en tête votre historique et vos *business*, et de nouveaux interlocuteurs qui vous apporteront des réponses plus innovantes et plus adaptées à votre nouvelle taille. Organisez la transition progressivement.

Votre directeur financier peut être adapté à un moment de la vie de votre entreprise, mais ne plus être le bon interlocuteur quand vous entrez dans un univers financier plus sophistiqué. Le fait d'être en croissance permanente peut aussi engendrer une certaine fatigue. Soyez lucide sur les qualités et les limites de votre directeur financier, et reposez-vous la question de son adéquation à chaque étape de croissance. Inversement, s'il donne satisfaction, n'hésitez pas à l'associer à la réflexion stratégique.

## Le mot du coach

### Doubler de taille, c'est apprendre à gérer son bilan

Le bilan, le mal-aimé. En général, un dirigeant suit des données issues de son logiciel métier avec des données financières (telles que la facturation) et des données de gestion (telles que les heures, la prise de commandes, des indicateurs de fréquentation, de panier moyen...). Plus rares sont ceux qui disposent d'un compte de résultat mensuel comparé au budget. Encore plus rares, ceux qui disposent d'une vision sur leur bilan. Enfin, ceux qui disposent d'un *cash-flow* mensuel sont une petite minorité. Ces derniers appartiennent généralement aux sociétés sous LBO secondaire. Or, le bilan peut créer de la valeur quand on travaille son BFR ou en détruire quand la société ne dispose pas des outils d'analyse pour prendre les bonnes décisions alors que la tempête souffle.

On peut donc avoir l'impression que « parler bilan », pour un chef d'entreprise, c'est comme parler argot : ce n'est pas poli et en plus on ne comprend pas bien le sens des mots. Regardons alors l'importance du mot « bilan » dans certaines expressions comme « un dépôt de bilan ». Ce n'est pas le compte de résultat qu'on dépose quand on est en cessation de paiements... Cela veut aussi dire que les problèmes arrivent par ce que l'on connaît le moins bien. Il est donc urgent de se saisir du sujet pour les dirigeants de PME et encore plus pour ceux qui veulent se développer. En effet, le développement de l'activité rime avec augmentation du BFR, investissements, remboursement d'emprunts, soit les trois ingrédients du bilan qui alimentent le *cash-flow*.

Pour convaincre les derniers récalcitrants, je me référerai à l'ouvrage *Le but*[1] de M. Goldratt qui définit ainsi le but de tout entreprise : faire de l'argent en augmentant le résultat, en améliorant simultanément le rendement des investissements et en accroissant dans le même temps la trésorerie. Sur les trois composantes de la définition, deux concernent le bilan. CQFD.

Frédéric Durand, partner, Cofigex

## LEVIER N° 3 : LA FLEXIBILITÉ FINANCIÈRE

Comment allez-vous couvrir vos besoins de financement ? Ces besoins étant évolutifs dans une entreprise de croissance, il vous faut un maximum de flexibilité financière. Bonne nouvelle : ça s'organise !

---

1. Eliyahu M. Goldratt et Jeff Cox, *Le but*, Afnor, 2017.

## Mettez en place un bouquet de financement diversifié

La première règle est de mettre en place un bouquet de financement diversifié, en respectant la règle suivant laquelle les investissements longs doivent être financés par des financements longs. La durée des actifs doit être inférieure ou égale à celle des dettes qui les financent. Ce n'est pas inutile de le rappeler ! Les financements à court terme sont appropriés pour financer vos délais de paiement. Mais ils ne sont pas, directement ni indirectement *via* la trésorerie qu'ils génèrent, un vecteur de financement du développement commercial à l'international…

Chaque instrument a ses avantages spécifiques :

- Le financement bancaire est moins onéreux que le financement obligataire, mais il est aussi moins long et impose plus de contraintes (notamment par l'intermédiaire de covenants ou de clause de sauvegarde qui, en cas de non-respect des objectifs, peut entraîner le remboursement anticipé du prêt).

- L'ouverture de capital peut être perçue comme coûteuse ou représenter pour vous une perte de pouvoir, mais elle génère une capacité d'endettement bancaire supplémentaire et vous donne une force de frappe pour de futurs développements (*cf.* infra).

- Les fonds propres permettent de financer l'immatériel (technologie, innovation), ce que les banques ont encore des difficultés à faire.

## Ménagez-vous des marges de manœuvre

Vous voulez pouvoir saisir des opportunités, vous voulez doubler de taille ? Ne soyez pas au taquet de votre endettement bancaire ! Vous devez avoir en permanence une réserve d'endettement. On lève des fonds propres moins rapidement que de la dette : si un projet se déclenche, vous devez pouvoir être réactif. Lorsqu'on a une politique de croissance ambitieuse, mieux vaut donc renforcer ses fonds propres d'abord, et avoir une réserve d'endettement plutôt que l'inverse. En cas de crise financière, le marché des capitaux propres et le marché obligataire peuvent se fermer, ou devenir si tendus que vous aurez du mal à valoriser convenablement votre entreprise, tandis que la dette bancaire restera plus longtemps disponible, même si elle est plus chère et plus sélective.

Qu'est-ce qu'un endettement raisonnable ? Cela dépend bien sûr de la nature de votre activité, de sa capacité à dégager des *cash-flows*. En pratique néanmoins, un endettement raisonnable ne devrait pas représenter plus de trois années d'excédent brut d'exploitation. Le résultat d'exploitation devrait couvrir au moins trois fois les frais financiers[1]. Certains fonds d'investissement (fonds de LBO notamment) peuvent pousser à plus d'endettement, car l'endettement est un moyen pour eux de pousser le management à être performant : le niveau d'endettement est calibré de manière à ce qu'il oblige le management à dégager les *cash-flows* attendus. Soyez vigilant face à ce type de raisonnements, qui peut mettre l'entreprise en difficulté au moindre accident.

Organisez donc votre flexibilité financière. Pensez à renforcer vos capitaux propres, à mettre en place des lignes de financement non utilisées mais tirables à tout moment, et à laisser des liquidités à l'actif. Vous pouvez aussi organiser à l'avance le renforcement de vos fonds propres par un système de fonds de souscription d'actions par exemple. Certes, cela a un coût. Mais passer à côté d'une opportunité aura un coût supérieur. Enfin, évitez dans toute la mesure du

---

1. *Finance d'entreprise, op. cit.*

possible de donner des garanties sur actif. Cela rigidifie votre entreprise et peut-être les montages financiers futurs.

Il n'y a pas de structure financière idéale : c'est l'analyse de la nature de vos besoins qui vous guidera dans la mise en place du bon bouquet de financement. Vous pouvez le cristalliser dans un plan de financement à trois ans ou plus, partagé avec vos financeurs, et que vous mettrez à jour régulièrement en fonction de vos développements.

Ayez en tête aussi l'effet de ces décisions sur votre notation financière : la notation n'est pas un but en soi, mais une dégradation de votre notation peut avoir un impact négatif sur le coût de votre financement ou sur votre flexibilité financière, à travers votre capacité à lever de nouveaux financements (surtout lorsque la conjoncture économique se ternit).

## LEVIER N° 4 : L'OUVERTURE DE CAPITAL

Trop de PME/d'ETI brident leur croissance par refus d'ouvrir leur capital. Sur 137 000 PME et 5 800 ETI en France, à peine 4 000 environ ont ouvert leur capital à un fonds. Qu'on le veuille ou non, une défiance s'est organisée autour des fonds d'investissement parce qu'ils sont perçus comme court-termistes, intrusifs et peu créateurs de valeurs[1].

Pourtant, l'ouverture de capital apporte beaucoup de solutions à une entreprise de croissance :

- En renforçant ses fonds propres par l'injection de *cash in*, elle lui permet de financer ses projets ambitieux, trop risqués ou

---

1. Voir par exemple l'étude de Bpifrance, « Ouvrir son capital pour durer : les entreprises familiales face à l'ouverture de capital », juin 2016.

trop « immatériels » aux yeux des banques, et de dégager des marges de manœuvre pour de l'endettement complémentaire.

■ En finançant la sortie de certains actionnaires (*cash out*), elle permet de simplifier l'actionnariat, de sortir des minoritaires bloquants ou perturbateurs, ou de préparer la transmission de l'entreprise.

■ En renforçant la gouvernance de l'entreprise, elle donne au dirigeant un *sparring partner* de plus, utile pour la réflexion stratégique. Cela peut être d'un appui précieux pour les croissances externes, puisque valoriser une entreprise, analyser les risques et opportunités, et négocier les conditions d'acquisition sont inhérents à son métier.

Comment alors réconcilier la PME, souvent familiale, avec le capital investissement et le capital familial ? En réalité, le paysage des fonds d'investissement est très divers, depuis des fonds minoritaires passifs jusqu'aux fonds majoritaires activistes, avec des investissements en actions, en obligations voire en quasi-dette. Une entreprise de croissance a tout intérêt à choisir :

■ Un investisseur capable de la suivre sur le long terme, avec qui elle développera une relation de confiance et qui aura la capacité à réinvestir avec flexibilité et réactivité au moment voulu ;

■ Un investisseur impliqué, qui ne s'immisce pas dans la gestion mais partage la vision stratégique pour pouvoir appuyer l'entreprise dans son développement non pas seulement par l'apport de fonds propres, mais également par un appui stratégique et opérationnel, par sa capacité à élargir le champ de réflexion de l'entrepreneur, par la densité de son réseau relationnel et *business*, enfin par la capacité à faire intervenir les bons conseils au bon moment.

## Parole d'entrepreneur :
## Pierre-Jean Leduc, Dedienne Multiplasturgy

### Regardez bien quel type de fonds vous choisissez

**Vous avez fait un MBO en 2004,
pourquoi et comment avez-vous fait ?**

J'ai choisi de rejoindre Dedienne en 1991, au moment où le neveu du fondateur était à la tête d'une petite entreprise de 75 personnes. Dès le départ, il y a eu un accord moral entre nous : je devenais salarié de la société avec le projet explicite d'en devenir rapidement propriétaire.

En 2004, après une période bien plus longue que celle imaginée initialement et où j'avais fortement contribué au développement de la société autour de plusieurs technologies et marchés, j'ai réussi à faire un MBO avec 5 autres cadres. L'entreprise était devenue un petit groupe de 270 personnes et n'ayant pas de fortune personnelle, je suis allé voir des fonds d'investissement et des banques pour les convaincre du bien-fondé de cette opération de reprise par les cadres. Et pour y parvenir, j'ai dû emprunter de l'argent mais aussi hypothéquer ma maison. Un entrepreneur met son propre argent dans la balance, contrairement à la majorité des grands capitaines d'industrie... L'hypothèque, c'est le moment où l'on passe d'une histoire personnelle à une histoire de famille. Vous avez donc besoin de l'accord et du soutien de votre conjoint, c'est primordial.

### Quels sont les facteurs clés de succès d'un MBO ?

> Quand vous êtes le repreneur d'une entreprise, les banques vous disent : « Je vois que l'entreprise s'est développée jusque-là, mais vous, quelle est votre stratégie, votre projet d'entreprise ? » D'un côté il faut la niaque et l'audace de l'entrepreneur et de l'autre, il vous faut une vision et une stratégie solides... La vision peut être juste mégalomane, une envie de grandeur... Mais la stratégie, c'est une réflexion structurée fondée sur l'analyse de vos clients, de votre environnement, de votre positionnement. Il faut pouvoir raconter une histoire à la fois sexy, ambitieuse mais aussi crédible. Après une opération de MBO, il n'y a pas

de secret, il faut délivrer ! Votre dette se calibre en fonction de vos profits escomptés futurs mais se rembourse à la mesure de vos résultats. C'est la capacité à dire ce que vous allez faire et faire ce que vous avez dit qui construit votre crédibilité et votre capital confiance. La confiance est donc la clé de voûte de vos relations avec vos investisseurs et vos banquiers.

> L'autre clé touche aux types de fonds que vous faites entrer à vos côtés au capital de l'entreprise. On ne connaît vraiment un fonds qu'au moment de sa sortie. Au début, modulo la convergence sur la valorisation, c'est une opération de séduction réciproque. Dans notre premier MBO, il y avait un fonds majoritaire qui avait été choisi par le cédant et dont la durée de vie n'était que de six ans. Résultat, ils ont tout fait pour sortir en vendant au plus offrant dès la crise de 2008-2009. Leurs intérêts ne convergeaient plus avec les nôtres, ils ne cherchaient que la liquidité. Dans notre deuxième MBO en 2010, j'ai remplacé ce fonds majoritaire par 4 fonds minoritaires. Diviser pour mieux régner. Autre leçon, j'ai remplacé les FCPR par des SCR. Nos investisseurs sont ainsi devenus nos banques et ça change tout ! On avait désormais des investisseurs régionaux engagés dans le long terme, comme cela se passe en Allemagne pour le *Mittelstand*. L'arrivée de Bpifrance lors du troisième MBO de fin 2015 a renforcé cet état d'esprit.

Donc mon conseil, c'est : regardez bien quel type de fonds vous choisissez et n'oubliez pas que majoritaire ou non, c'est VOTRE entreprise. Les fonds ne sont là que de manière temporaire, remettez-les à la place qui est la leur. Vous êtes là dans la durée, c'est vous qui avez le pouvoir. Vous n'êtes pas là pour subir la pression des fonds, mais pour réagir à la pression du marché et mener à bien la destinée de l'entreprise. Quand le premier fonds a voulu nous vendre à un groupe indien, nous avons tout fait pour contrer son plan parce qu'il ne respectait absolument pas le contrat moral qui avait initié nos relations. Il faut donc être capable d'aller au combat avec ses actionnaires si le besoin s'en fait entendre !

Vous aurez à négocier le cadre juridique de cette ouverture de capital, avec des droits accordés à vos investisseurs à la hauteur de leurs apports et de leur implication. À vous de négocier ceux qui vous paraissent les plus importants, sachant que la négociation est globale.

L'étude précitée de Bpifrance[1] conclut qu'une entreprise familiale sera sensible aux :

- Clause d'agrément : accord de l'ensemble des actionnaires sur l'arrivée d'un nouveau partenaire au capital.

- Droit de préférence : en cas de projet de développement futur, préférence accordée aux signataires du pacte.

- Clause de sortie conjointe : permet à un actionnaire de sortir en même temps, et aux mêmes conditions qu'un actionnaire sortant.

- Clause de retrait : permet à un actionnaire de sortir du capital en cas d'un événement précisé dans le pacte, et de revendre ses parts aux autres actionnaires pour un prix défini dans le pacte.

- Clause d'exclusion : permet aux actionnaires d'exclure l'un d'entre eux, en cas de survenue d'un événement précisé dans le pacte, et de racheter ses parts à un prix défini dans le pacte.

- Clauses de *bad/good leaver* : pénalité à un actionnaire qui se désengage de l'entreprise avant la date conclue au sein du pacte ou récompense à un actionnaire qui a respecté l'engagement de détention de ses titres pris dans le pacte.

- Droit de préemption : en cas de départ d'un actionnaire, priorité aux actionnaires sur le rachat des actions, à défaut de quoi, des pénalités seront appliquées.

---

1. « Ouvrir son capital pour durer : les entreprises familiales face à l'ouverture de capital », *op. cit.*

Cette liste n'est pas exhaustive : aux frontières de la cession majoritaire, vous pouvez aussi demander la mise en place de droits de vote doubles ou d'une holding de contrôle par exemple.

Ces négociations juridiques prennent souvent beaucoup de temps et d'énergie. Dans tous les cas, ne perdez pas de vue l'essentiel : le plus important est de choisir un investisseur aligné sur vos valeurs, disponible pour votre entreprise et qui comprend votre projet stratégique. Avec un investisseur plus encore qu'avec un banquier, la compréhension et l'estime réciproques sont indispensables au succès de ce partenariat qui conditionne celui de votre entreprise.

## Le mot du coach

### Quel investisseur pour doubler la taille de votre entreprise ?

Si vous avez entrepris la lecture de cet ouvrage, c'est que vous allez vous engager dans un beau plan de croissance. C'est le moment de vous demander s'il peut être utile à votre entreprise de faire entrer un investisseur. Au-delà de l'apport en capitaux et du partage de risque, que pouvez-vous attendre d'un investisseur ? Et comment le choisir ?

Voici quelques conseils clés :

> Choisissez un investisseur qui partage vos valeurs : interrogez-le sur ses valeurs et sur celles de son équipe, demandez-lui d'illustrer et enfin demandez-lui plusieurs références auprès d'autres dirigeants d'entreprises. La plupart des investisseurs sont passionnés par leur métier et adorent les entrepreneurs, faites-les parler de ce qu'ils aiment.

> Prenez un investisseur qui a du temps et qui a des réserves financières suffisantes pour vous accompagner dans la durée. La règle est qu'un *business plan* ne se passe jamais comme prévu. L'investisseur doit avoir la capacité structurelle à patienter si la croissance est moins forte que prévue ou à permettre une accélération du *business plan* si l'entreprise a de nouveaux projets à financer.

> Déterminez dès le départ comment vous souhaitez que la valeur créée soit répartie et de quelle manière : quelle part au profit des fondateurs, de l'investisseur, des cadres clés, des salariés ? Examinez attentivement les différents scénarios de création de valeur et la part qui revient à chacun. Est-ce que tout le monde en bénéficie ? Est-ce que cela vous paraît juste et équilibré ?

> Mettez en place dès le premier jour un environnement qui favorise la confiance et la transparence. L'investisseur est au capital, il sait qu'il n'a pas encore tout appréhendé dans l'entreprise mais qu'il va y rester plusieurs années. Il doit en faire le tour le plus complet dès les premiers mois. Mieux il aura compris l'entreprise, plus il sera en confiance, plus il sera pertinent et prêt à vous accompagner.

Selon l'étape de développement de votre entreprise, le profil de l'investisseur pourra être différent. Ainsi en début d'aventure, vous choisirez plutôt un investisseur capable de vous aider à faire évoluer votre modèle économique et votre plan stratégique, alors que lorsque votre société sera plus mature, et plus organisée, vous privilégierez un investisseur qui pourra vous aider dans vos croissances externes ou dans l'ouverture de portes.

Mais soyez exigeant : un bon investisseur doit vous apporter une vision objective sur votre valeur d'entreprise, mais aussi vous aider à prendre du recul et à vous comparer : il voit des centaines d'opportunités tous les ans ! Il doit s'impliquer aussi à vos côtés dans le renforcement de votre gouvernance, la formalisation de votre plan stratégique et l'élaboration de scénarios financiers, et vous aider à faire monter en compétence vos équipes.

Prêts à vous lancer ? Vous allez faire partie des 4 000 entreprises françaises qui ont déjà un investisseur au capital. Elles sont visibles des acteurs des fusions-acquisitions, des grandes entreprises françaises et étrangères. Communiquez sur vos ambitions et sur cette entrée au capital, sans donner trop de détails. Les opportunités vont arriver : tenez-vous prêts à les saisir !

François Rivolier, co-fondateur de GENEO Capital entrepreneur

## LEVIER N° 5 : L'INTRODUCTION EN BOURSE

Et pourquoi pas l'introduction en Bourse ? L'introduction en Bourse n'est pas réservée aux start-up ou aux grands groupes. EnterNext et son programme « FamilyShare » sont très actifs pour faciliter l'introduction en Bourse des PME-ETI.

L'intérêt pour votre entreprise réside dans la disponibilité immédiate des financements de marché en cas de projet ambitieux de croissance et, d'une certaine manière, dans une notoriété accrue. Elle donne aussi de la liquidité à vos actionnaires, et facilite donc la mise en place de plans de rémunération en actions pour les salariés.

L'inconvénient (on l'a dit, il n'y a pas de source de financement idéale) réside dans les lourdeurs, pour une PME, de l'introduction en Bourse : passage aux normes IFRS, mise en place d'une politique de dividendes, possible changement de forme sociale, possible restructuration de l'entreprise pour loger tous les acteurs dédiés dans la structure cotée, nécessité de dédier des ressources pour communiquer régulièrement et animer le marché. Par ailleurs, si l'activité du cours est faible (peu de transactions), il peut y avoir une déconnexion entre la valeur boursière et les fondamentaux de l'entreprise.

En réalité, l'introduction en Bourse suppose une vision, exprimée dans une *equity story*, autour d'une croissance forte et d'une capacité à innover et à se développer en permanence et à long terme.

# CARNET DE ROUTE

## Financement de la croissance

Prenez quelques minutes pour vous demander ce que vous appliquez déjà dans votre entreprise, ce que vous pourriez développer ou mettre en place. Peut-être d'ailleurs pouvez-vous avoir cette discussion avec votre Codir ? Pensez à faire votre autodiagnostic en ligne[1]. Puis organisez-vous pour activer ce levier de croissance !

### Points forts

Quels sont les outils financiers et les documents d'information financière déjà en place dans votre entreprise ? Avez-vous une équipe de financeurs soudée autour de votre projet ?

................................................................................

................................................................................

................................................................................

................................................................................

................................................................................

### Axes de progrès

Comment accroître votre flexibilité financière ? Avez-vous les marges de manœuvre nécessaires au déroulement de votre plan stratégique ? Vos financeurs sont-ils prêts à vous suivre ?

................................................................................

................................................................................

---

1. www.carnetdecroissance.fr

........................................................................

........................................................................

........................................................................

........................................................................

## Décision

Par quoi commence-t-on ? Quel verrou à la croissance fait-on sauter ?

........................................................................

........................................................................

........................................................................

........................................................................

........................................................................

........................................................................

## Objectif

Vous pouvez vous en fixer plusieurs. Validez les évolutions de votre structure financière avec vos financeurs ; profitez-en pour partager sur la nature de votre relation.

........................................................................

........................................................................

........................................................................

........................................................................

........................................................................

........................................................................

## Calendrier/Rétroplanning

Date de lancement ; date pour l'atteinte des objectifs.

.................................................................................................

.................................................................................................

.................................................................................................

.................................................................................................

.................................................................................................

.................................................................................................

## Responsable du projet

Avez-vous un vrai directeur financier ? Sinon activez le recrutement !

.................................................................................................

.................................................................................................

.................................................................................................

.................................................................................................

.................................................................................................

.................................................................................................

## Contributeurs internes

Sensibilisez tout votre Codir à ces sujets majeurs. Sur un plan plus pratique, qui sont les contributeurs aux états financiers ? Sont-ils formés pour fournir une information de qualité pour les *reportings* attendus ?

.................................................................................................

.................................................................................................

.................................................................................................

........................................................................

........................................................................

........................................................................

## Contributeurs externes

Votre expert-comptable et vos conseils peuvent-ils vous aider à préparer ces évolutions ? Comment les aligner sur votre stratégie ?

........................................................................

........................................................................

........................................................................

........................................................................

........................................................................

## Votre investisseur idéal

Si vous deviez ouvrir votre capital, qu'attendez-vous prioritairement de votre investisseur ?

........................................................................

........................................................................

........................................................................

........................................................................

........................................................................

**Et c'est parti ! Vous avez fait un dernier pas
vers la croissance durable.**

**Vous êtes prêt à doubler de taille !**

# CONCLUSION

## LA CHANCE NE DOIT RIEN AU HASARD

Vous allez doubler de taille, parce que telle est votre volonté et que vous avez décidé d'y mettre les moyens. Bonne nouvelle, ces moyens ne sont pas uniquement les vôtres : pour doubler de taille, vous allez fédérer autour de vous toutes les bonnes fées qui vous apporteront l'énergie, les idées, les talents, le financement nécessaires pour passer de l'intention à l'acte, du rêve à la réalité.

Il n'y a pas de hasard, vous le savez bien. Il faut forcer sa chance : ces personnes, cette équipe, cet écosystème qui va se mettre en place autour de vous et dérouler les plans d'actions, et vous aider à les financer, c'est à vous de le créer. Difficile, me direz-vous, d'attirer les meilleurs quand on est une PME. Où les trouver ? Comment les toucher ? En réalité, il faut qu'ils aient spontanément envie de venir à vous. Ne pas aller les chercher, mais provoquer l'intérêt, vous faire remarquer, devenir un aimant.

Comment ? En étant visible, mais surtout en créant le désir, en provoquant l'enthousiasme, en communiquant sur votre vision. Ce désir, cet enthousiasme, cette vision, vous les avez en vous. C'est votre actif, construit sur toute une vie. C'est le résultat des rencontres, des expériences, des échecs, des victoires, des lectures que vous avez faits. C'est ce qui fait votre valeur personnelle, votre unicité. Caractériser cet actif n'est pas simple. Le partager est encore moins facile ! Il y a beaucoup de vous dans votre entreprise. Mais si vous voulez doubler de taille, ce n'est plus une entreprise personnelle, c'est un projet collectif, une aventure que vous allez mener, avec une équipe qui transformera l'entreprise avec vous. Partager le capital avec vos salariés et/ou des investisseurs ne sera plus un problème s'ils sont les agents de la création de valeur.

Partager votre vision et vos envies, partager votre expérience et vos interrogations, c'est ce qui fera de vous le chef de meute de cette équipe. C'est ce qui vous rendra visible sur le marché du travail, sur les marchés financiers, sur vos marchés à l'international.

Vous ne réussirez pas par hasard : vous réussirez parce que vous êtes déterminé, que vous avez affiché cette détermination, que vous êtes lucide sur le point de départ et que vous êtes organisé pour la croissance.

À mesure que vous réussissez, l'entreprise change. Beaucoup. La croissance est une transformation, voire une métamorphose. La stratégie, les produits, le positionnement, les hommes, l'organisation… tout cela doit évoluer en permanence pour vous permettre de franchir de nouvelles étapes. Dans ce mouvement permanent, il vous faudra maintenir le cap. Votre entreprise a une âme, des valeurs, une histoire, qui ne doivent pas être perdues de vue, qui constituent son ADN. Vous y avez semé la graine du changement et de la croissance ; elle va se transformer. Elle ne doit pas pour autant se dénaturer.

Entre 2009 et 2012, avec l'équipe du Comité interministériel de restructuration industrielle, nous avons restructuré 240 entreprises en difficulté qui représentaient 600 000 emplois. De 2013 à 2018, j'ai accompagné plus de 500 entreprises dans leur projet de croissance et de transmission. Transformer sans dénaturer a toujours été le fil rouge de ces projets qui sont autant d'aventures humaines.

Pour y parvenir, cinq qualités me semblent fondamentales :

- L'intégrité : vous allez croître et renforcer votre attractivité. Mais il y a des sirènes auxquelles il ne faut pas céder. Tout n'est pas bon pour réussir. Une exception, et vous pouvez mettre en péril votre entreprise, sa réputation et la vôtre, mais surtout votre estime de vous-même. Ne vous engagez pas avec des partenaires sur qui vous avez des doutes, même si les perspectives sont attractives. Continuez à distinguer la création de valeur dans l'entreprise et votre enrichissement personnel, et à privilégier la première. Comme me le disait le dirigeant d'une entreprise familiale qui est aussi l'un de nos fleurons français, l'entrepreneur ne peut se désintéresser du monde dans lequel il vit : la juste répartition des richesses est dans son intérêt en tant que citoyen. Vos valeurs et celles de l'entreprise sont votre meilleure protection : affichez-les haut et fort, et appliquez-les à la lettre. Imposez cette même exigence à votre entourage et vos équipes.

- L'ouverture : c'est la clé du succès. C'est l'ouverture qui vous donnera l'inspiration. C'est l'ouverture qui occasionnera les rencontres les plus fructueuses. C'est l'ouverture qui fera de vous un pôle d'attractivité pour les talents et les créatifs. C'est l'ouverture qui vous permettra de conquérir le monde. Nous ne sommes plus dans un monde de concurrence classique. Vos concurrents peuvent être vos partenaires, c'est l'essence de la coopétition. La notion même de propriété devient toute relative à l'heure du digital. Mais les pionniers se forgeront toujours des barrières à l'entrée. N'ayez pas peur de l'ouverture : c'est une force majeure dans le monde moderne. Soyez ouvert et soyez pionnier.

- L'empathie : il vous en faut beaucoup. Pour embarquer tout le monde dans votre projet de croissance. Pour entendre les peurs de votre entourage, de vos équipes, de vos partenaires, et mieux y répondre. Pour comprendre les attentes des talents que vous voulez attirer et les laisser s'épanouir. Pour reconnaître chez vos investisseurs et vos banquiers les mouvements interrogatifs, et les conforter dans leur accompagnement. Pour créer de l'intimité avec vos clients et révéler tout votre potentiel commercial. Doubler de taille ne doit pas vous déconnecter de ce capital humain, parce qu'il est crucial pour votre réussite à long terme.

■ La lucidité : doubler de taille n'est pas un rêve, c'est un projet. Vous connaissez mieux que quiconque le point de départ, vos forces et faiblesses. Vous avez fait votre autodiagnostic sur nombre de sujets. Ne brûlez pas les étapes. Croisez les regards sur les sujets essentiels, avec votre comité de direction, avec vos administrateurs, avec vos proches. Soyez réaliste sur les personnes qui vous entourent : ne les magnifiez pas. Ce n'est pas leur rendre service que de les placer à un niveau de responsabilité supérieur à leurs capacités : c'est au contraire risquer de les fragiliser. Soyez enfin lucide sur vous-même, sur vos besoins personnels et votre équilibre de vie, sur vos besoins de *second ship*, sur l'horizon raisonnable pour une transmission managériale et/ou patrimoniale. C'est là votre responsabilité sociale envers une entreprise qui vous survivra à travers les générations.

■ L'esprit pionnier : votre entreprise va grandir, se structurer, les collaborateurs seront de plus en plus nombreux. Votre principal risque est de rigidifier l'entreprise, de parler davantage de gestion que d'innovation, de l'institutionnaliser en quelque sorte. Pour vous en prémunir, recrutez des pionniers, des potentiels qui veulent se révéler, des talents qui auront soif d'aventure, plutôt que des personnels expérimentés qui reproduiront ce qu'ils savent faire. Méfiez-vous de ceux qui raisonnent pouvoir et hiérarchie, gardez une organisation aussi plate que possible, favorisez le mode projet. Gardez-vous du temps pour vous-même, pour vous ouvrir, pour cultiver vos envies et votre esprit pionnier[1] !

Cela étant dit… faites-vous plaisir ! Et donnez du plaisir à vos collaborateurs ! Le bonheur au travail est encore le meilleur dopant naturel ! Doubler de taille est un projet excitant ; en parler, y travailler, c'est rayonner !

> *« Rien de grand ne s'est accompli dans ce monde sans passion. »*
>
> Georg Wilhelm Friedrich Hegel, 1770-1831

---

1. Sur cet esprit pionnier, voir notamment les travaux de Bain & Company : Chris Zook & James Allen, *The Founder's Mentality: How to Overcome the Predictable Crises of Growth*, Harvard Business Review Press, 2016.

# CARNET DE CROISSANCE

On y est ! Vous êtes déterminé à croître, et vous allez vous donner les moyens de vos ambitions. C'est le moment de formaliser votre « carnet de croissance ». Clarifiez vos idées et vos priorités, pour donner à votre entreprise une direction claire.

## Vision

Les convictions de l'équipe de direction : où va le marché ? Où va l'entreprise ? Quelle est sa vocation ? Quelles sont ses valeurs ?

.......................................................................................

.......................................................................................

.......................................................................................

.......................................................................................

.......................................................................................

## Positionnement

C'est votre pitch ! En quoi êtes-vous différenciant ? Devez-vous faire évoluer ce positionnement ?

.......................................................................................

.......................................................................................

.......................................................................................

.......................................................................................

.......................................................................................

## Stratégie

Cristallisez et chiffrez vos principales ambitions de croissance et/ou de transformation.

*Axe 1*

..................................................................................

..................................................................................

..................................................................................

..................................................................................

*Axe 2*

..................................................................................

..................................................................................

..................................................................................

..................................................................................

*Axe 3*

..................................................................................

..................................................................................

..................................................................................

..................................................................................

## Facteurs clés de succès

Rebalayez vos carnets de route, et notamment ceux de la partie 2. Faites aussi les autodiagnostics en ligne[1]. Et passez à l'action ! (page suivante)

..................................................................................

..................................................................................

..................................................................................

..................................................................................

---

1. www.carnetdecroissance.fr

## Carnet de croissance – Synthèse des plans d'actions

| | Décision(s) | Objectif(s) | Calendrier/ priorité | Pilote | Contributeurs internes/externes | Autres moyens affectés | Commentaires |
|---|---|---|---|---|---|---|---|
| 1. Commercial | | | | | | | |
| 2. Innovation | | | | | | | |
| 3. Développement international | | | | | | | |
| 4. Croissance externe | | | | | | | |
| 5. Prise de recul | | | | | | | |
| 6. S'entourer | | | | | | | |

| | Décision(s) | Objectif(s) | Calendrier/priorité | Pilote | Contributeurs internes/externes | Autres moyens affectés | Commentaires |
|---|---|---|---|---|---|---|---|
| 7. Capital humain | | | | | | | |
| 8. Résilience | | | | | | | |
| 9. Finance | | | | | | | |

# POSTFACE

## ACCROCHEZ-VOUS À VOS RÊVES D'ENFANT !
## LE RÊVE, LE GRAIN DE FOLIE ET LA CHANCE

La croissance est le premier commandement de l'entrepreneur. Il y a presque trente ans, j'ai entendu un discours de Pierre Bellon (le fondateur de Sodexo) devant 700 patrons au Medef, qui m'a beaucoup marqué : « Le devoir d'un chef d'entreprise est de faire grandir son entreprise », nous a-t-il dit. Il a été chahuté par un parterre de patrons qui parlaient plutôt d'un devoir de protection face aux risques. Pierre Bellon avait raison pourtant. La stabilité n'existe pas dans le monde. Elle n'existe pas dans le monde de la physique. Elle n'existe pas davantage dans le monde de l'entreprise. Une entreprise doit se renouveler sans cesse, créer une dynamique qui résiste aux freins et à la conjoncture. L'ADN de l'entreprise, c'est de gérer les différentes sources d'instabilité. Si vous visez la stabilité, votre entreprise est vouée à disparaître, à être vendue ou absorbée.

Bonne nouvelle : la croissance, c'est presque facile, à condition de savoir rêver. Rêvez de ce que vous voudriez être dans dix ans. Et mettez-vous en route, courrez derrière votre rêve ! Dès le jour où j'ai repris Daher, je n'ai cessé de rêver à dix ans. J'ai fait l'exercice de ramener ce rêve à cinq ans et de le coucher en un plan stratégique. Puis j'en ai tiré des plans d'actions concrets à l'horizon d'une année.

Votre rêve doit tenir en deux pages. Écrivez votre rêve comme si vous vous réveilliez un matin et que vous vouliez le retenir encore un peu. Depuis que j'ai repris Daher, nous avons fait six plans stratégiques successifs, six grands rêves : choisir notre métier d'abord, puis réduire les pertes, devenir un industriel, grossir et atteindre le milliard d'euros, devenir robuste et enfin notre rêve d'aujourd'hui, c'est le rêve américain et la digitalisation. La première étape du plan stratégique, c'est votre capacité à rêver, seul face à une page blanche…

Parfois, les entrepreneurs se laissent happer par les échéances et les pesanteurs du quotidien. D'autres ne s'autorisent plus vraiment à rêver, ils sont gagnés par la « peur de la peur ». Je crois aussi que le système éducatif français ne nous apprend pas à donner libre cours à nos rêves. On nous apprend à être sérieux, à être responsables, honnêtes même. En devenant sérieux, on perd ses rêves d'enfant. Aux États-Unis, au contraire, et en particulier sur la côte Ouest, le système inculque aux enfants la culture de l'assurance. En France, on a un peu perdu de notre culture de l'enthousiasme.

Je crois aussi au grain de folie. Je crois que les entrepreneurs ont un grain de folie et que c'est cela qui fait la différence. Durant toute mon existence, j'ai pris beaucoup de décisions dont je ne sais pas totalement expliquer les ressorts. J'ai simplement su que c'était la voie dans laquelle je voulais m'engager et engager l'entreprise. Quand j'ai racheté 40 % de l'entreprise à trente ans en hypothéquant tout ce que j'avais, quand j'ai décidé d'acquérir l'Hôtelier Montrichard – une entreprise plus grosse que nous – en quinze jours, quand j'ai ouvert le capital, là encore en deux semaines…, on m'a souvent traité de fou. Peut-être qu'il faut l'être un peu pour racheter une entreprise de cent trente ans qui n'a plus de métier, et pour s'attacher en même temps à rétablir une cohésion familiale plus que distendue…

Le grain de folie, ce n'est pas l'aliénation mentale. Le grain de folie, ce ne sont pas des idées folles. Les idées ne vous viennent pas du ciel, elles affluent de votre interne, de vos collaborateurs, de votre comité de direction. Le grain de folie, c'est choisir parmi ces idées, tirer des conclusions de faisceaux d'indices avant qu'ils soient trop évidents et mettre toute l'entreprise en action. La folie, c'est de transformer le réel. Même avec le recul, je suis étonné par la capacité de mes équipes à se fier à mon grain de folie…

Récemment, je suis allé en Inde et j'y ai rencontré un dirigeant qui a construit une très belle entreprise. Il m'a dit : « J'ai un bon *karma*. » On pourrait traduire le *karma* approximativement par la notion de chance. Mais le *karma*, c'est aussi la capacité à saisir la chance quand elle se présente. On peut décider d'être en croissance. Vous pouvez construire la croissance. De ce point de vue, la gouvernance est un excellent aiguillon pour vous pousser à saisir les opportunités. Dès la fin des années 1990, j'ai fait entrer des administrateurs indépendants jusqu'à hauteur de 50 % de mon conseil. J'ai sollicité des dirigeants de grandes entreprises et je leur ai donné une feuille de route simple : « Aidez-moi à grandir. » Et ils l'ont fait. Se priver de gouvernance est une négligence très dangereuse. Si l'on n'écrit pas les règles du jeu, les non-dits s'installent et finissent toujours par exploser. Mais se priver de gouvernance est aussi un excellent moyen de laisser passer sa chance. Un chef d'entreprise doit rechercher et organiser le challenge de sa stratégie et de ses décisions. Ce sont mes administrateurs qui m'ont poussé à faire de Daher un industriel. Ils m'ont demandé si j'étais déterminé à rester suiveur derrière les industriels ou si j'avais l'intention de devenir un leader…

Le rêve, le grain de folie et la chance. Après des décennies d'entrepreneuriat, je crois toujours à ce triptyque. Je crois à la puissance autoréalisatrice de l'enthousiasme. Mon dernier grand rêve pour

Daher sera de passer le relais à une nouvelle génération d'action-naires entrepreneurs. Une génération qui écrira son histoire dans le grand livre de l'histoire industrielle française.

Patrick Daher

# BIBLIOGRAPHIE

## Ouvrages, études

Altekar Rahul V., *Supply Chain Management: Concepts and Cases*, Prentice-Hall of India, 2005.

Bpifrance, « Vaincre les solitudes du dirigeant », 2016.

Bpifrance/FING, « Innovation nouvelle génération », 2015.

Bruel Olivier., *Management des achats*, Economica, 2e édition, 2014.

Dweck Carol, *Changer d'état d'esprit. Une nouvelle psychologie de la réussite*, Mardaga, 2010.

Kim Chan W., Mauborgne Renée, *Stratégie Océan Bleu : Comment créer de nouveaux espaces stratégiques*, Pearson Education, 2e édition, 2015.

Lewin Kurt, « Models and Tools for Stability and Change in Human Systems », *Reflections*, vol. 4, n° 2, 2002.

McChrystal Stanley (General), Collins Tantum, Silverman David, Fussell Chris, *Team of Teams: New Rules of Engagement for a Complex World*, Portfolio Penguin, 2015.

Maslow Abraham, *A Theory of Human Motivation*, 1943.

Mendoza Carla, Delmond Marie-Hélène, Löning Hélène, Besson Madeleine, Bonnier Carole, Bruel Olivier, *Tableau de bord : donnez du sens à vos indicateurs*, Groupe Revue Fiduciaire, 3e édition, 2011.

Ortega-Lehmann Laurence, Musikas Hélène et Schoettl Jean-Marc, *(Ré)inventez votre Business Model*, Dunod, 2ᵉ édition, 2017.

Osterwalder Alexander et Pigneur Yves, *Business Model nouvelle génération*, Pearson Education, 2011.

Rogers Everett, *Diffusion of Innovations*, Simon & Schuster, 5ᵗʰ edition, 2003.

Tandeau de Marsac Valérie, *L'entreprise familiale, un modèle pour l'avenir et pour tous*, Lignes de repères, 2014.

Vernimmen Pierre, Quiry Pascal, Le Fur Yann, *Finance d'entreprise*, Dalloz, 16ᵉ édition, 2018.

Womack James, Jones Daniel, *Système Lean. Penser l'entreprise au plus juste*, Pearson Education, 3ᵉ édition, 2009.

Zook Chris, Allen James, *The Founder's Mentality: How to Overcome the Predictable Crisis of Growth*, Harvard Business Review Press, 2016.

## Sites Internet

Alliance industrie du futur : http://www.industrie-dufutur.org/

Analyse de l'efficacité de votre site Web par la Banque du Canada : https://www.bdc.ca/fr/articles-outils/boite-outils-entrepreneur/evaluation-entreprise/pages/evaluation-gratuite-site-web.aspx

Bases de données : http://madb.europa.eu/madb/indexPubli.htm et https://www.europages.fr

Base de données PROAO (projets et appels d'offres) de Business France : https://export.businessfrance.fr/prestations/conseil/projets-appels-d-offre/projets-et-appels-d-offre.html

Chambres de commerce à l'étranger : http://www.ccifrance-international.org/

Comment donner une carte de visite en Chine : https://blog.asiaqualityfocus.com/fr/lart-de-donner-une-carte-de-visite-en-chine/

Flash ingérence économique de la DGSI : https://www.entreprises.gouv.fr/information-strategique-sisse/flash-ingerence

Geert Hofstede sur les 6 grands facteurs de différences culturelles : https://www.hofstede-insights.com/

Guide pratique de la Fédération bancaire française pour l'élaboration d'un plan de financement : http://www.fbf.fr/fr/files/9FTC52/Mini-guide-Pro-9.pdf

Guide pratique de sensibilisation au RGPD pour les PME : https://www.cnil.fr/fr/la-cnil-et-bpifrance-sassocient-pour-accompagner-les-tpe-et-pme-dans-leur-appropriation-du-reglement

Guide sur la loi Sapin 2 : https://transparency-france.org/actu/guide-pratique-entreprises-loi-sapin-2/

Indice « social selling » sur LinkedIn : https://www.linkedin.com/sales/ssi

Les chiffres du commerce extérieur – Douanes et droits indirects : http://lekiosque.finances.gouv.fr

Les dangers de l'hyper-personnalisation du pouvoir dans l'entreprise : travaux d'Olivier TORRES et d'Amarok : http://www.observatoire-amarok.net

« Les mégatrends et les opportunités à saisir pour les PME » par le cabinet Oliver Wyman : http://www.oliverwyman.com/our-expertise/insights/2017/nov/perspectives-on-manufacturing-industries-vol-12/megatrends-and-the-future-of-industry/megatrends-and-the-future-of-industry.html

Obtenir des informations sur le contexte politique et macroéconomique : http://www.diplomatie.gouv.fr et https://www.cia.gov/library/publications/the-world-factbook/

Plateforme d'innovation collective d'équipe Seemy : https://www.seemy.com/fr/

Plateforme d'innovation collective d'équipe Sharepoint : http://www.sharepoint-france.fr/

Plateforme d'open innovation : https://innovation.pactepme.org/

Pour concevoir une enquête en ligne : https://fr.surveymonkey.com/

Pour simuler le coût d'un VIE : http://export.businessfrance.fr/formule-vie/vie-en-bref.html

Pour vous aider dans vos *due diligences* : http://www.adit.fr/

Préconisations pour la cybersécurité : https://www.ssi.gouv.fr/

Protection intellectuelle : www.inpi.fr mais aussi la Web App : http://commentprotegerquoi.inpi.fr/

Sales and operations planning par Laurent Deirmendjian, IBM : http://www.icriq.com/fr/articles.html/-/asset_publisher/fZ4Q/content/le-processus-s-op-pour-trouver-l-equilibre-entre-la-planification-strategique-et-operationnelle/maximized

Tableau de bord européen de l'innovation : https://ec.europa.eu/growth/industry/innovation/facts-figures/scoreboards_fr

TEDx de Dan Ariely sur le fait que l'argent est le moyen le moins coûteux pour motiver les salariés : https://www.ted.com/talks/dan_ariely_what_makes_us_feel_good_about_our_work?language=fr

TEDx de Simon Sinek, Start with Why: How Great Leaders Inspire Everyone to Take Action, https://www.ted.com/talks/simon_sinek_how_great_leaders_inspire_action

« Transformer les Megatrends en croissance rentable » par Oliver Wyman, Ylios et Bpifrance Université : http://www.bpifrance.fr/A-la-une/Actualites/e-learning-alimentez-votre-reflexion-strategique-grace-aux-Megatrends-34841

# INDEX

Imprimé en Allemagne par BoD
Dépôt légal : septembre 2018

www.ingramcontent.com/pod-product-compliance
Lightning Source LLC
LaVergne TN
LVHW010521060726
842525LV00013B/2946